地方高师院校数学卓越教师
培养模式研究

叶立军　唐笑敏　斯海霞　著

浙江省高等教育教学改革项目"地方高师院校中学数学卓越教师培养核心课程建设及教学改革实践研究"（jg20160151）的研究成果

科学出版社

北　京

内 容 简 介

本书共八章,从基础教育改革对卓越数学教师的迫切要求、当前数学师范生培养的现状出发,研究团队分别从专业建设、课程建设、教学改革以及与基础教育协同培养数学教学师资等角度进行了实践探索,构建了PET的协同育人模式。

本书在编撰过程中,力图做到以培养卓越数学教师为目的,以专业建设、课程改革为基础,通过教学改革实践,不断提升地方高师院校数学师范生的培养质量。全书既有一定的理论原理,又有丰富的典型例证分析,富有启发性。

本书适合高校及培训机构从事中小学数学教师培养的教师、管理工作者阅读,也可供从事教师教育的研究人员以及对教师教育感兴趣的读者阅读参考。

图书在版编目(CIP)数据

地方高师院校数学卓越教师培养模式研究 / 叶立军,唐笑敏,斯海霞著. —北京:科学出版社,2017.9

ISBN 978-7-03-054459-9

Ⅰ.①地… Ⅱ.①叶… ②唐… ③斯… Ⅲ.①地方高校-高等师范院校-师资培养-研究 Ⅳ.①G658.3

中国版本图书馆 CIP 数据核字(2017)第 222055 号

责任编辑:石 悦 / 责任校对:郭瑞芝
责任印制:吴兆东 / 封面设计:华路天然工作室

科学出版社 出版
北京东黄城根北街 16 号
邮政编码:100717
http://www.sciencep.com

北京教图印刷有限公司 印刷
科学出版社发行 各地新华书店经销

*

2017 年 9 月第 一 版　　开本:720×1000 1/16
2017 年 9 月第一次印刷　　印张:11
字数:222 000
定价:66.00 元
(如有印装质量问题,我社负责调换)

前　言

当今社会，科学技术迅猛发展，国际竞争日趋激烈，国家发展越来越依赖高素质的劳动者和大量的创新人才，越来越依赖教育的水平和质量。为了培养适应急剧变化的社会所需求的新型人才，世界各国都开展了基础教育改革。

"国家兴衰在于教育，教育好坏在于教师"，高质量的教育取决于高质量的教师，教师是创造未来的关键。基础教育改革的深入，迫切需要能胜任改革后基础教育的师资队伍，加强师资队伍建设，保证教育质量是基础教育改革成功的关键。

基础教育改革对高师院校数学教育高素质人才的需求日益增长。高师院校如何培养卓越的中学数学教师以适应新课程改革的需要，已经成为地方高师院校关注的热点话题。然而，随着高等教育改革的深入，应用型、综合性教育成为高等学校的主旋律，高师院校争相脱去师范帽子，不少高师院校纷纷向综合性大学转型。地方高师院校转型后，教师教育专业被淡化或者被削弱，许多高师院校远离中小学实践，致使专业师范性缺失，教师培养质量降低。

针对这一现象，在浙江省数学教学指导委员会的指导下，杭州师范大学、湖州师范学院、温州大学、绍兴文理学院、台州学院等地方高师院校以提高中学数学教师质量为目的，联合开展了数学教育核心课程建设和教学改革研究。十多年来，建成国家级精品资源共享课程2门、省级精品课程3门；出版各类教材20多部，其中国家级规划教材1部，省重点教材3部，浙江省"十二五"优秀教材2部。积极开展了以提高数学教师培养质量为目的的教学改革，先后开展了省级教学改革项目10多项。同时，构建了高校教授（professor）、基础教育专家（expert）、一线教师（teacher）协同育人的PET模式，实现了高校、基础教育的共赢，每年受益学生达上万人，产生了良好的示范和辐射作用。

十多年的实践经验表明，以高校优质教学资源共享为途径，构建高师数学专业"3+X"课程体系，并依托高质量课程、高水平教材、高层次项目，着力推进数学教育课程群建设及教学改革，实施校地共育，多校联动，开展合作研究、协同育人，培养卓越中学数学教师，为基础教育提供强有力的人才支撑，显得尤为有效。

2016年，杭州师范大学、湖州师范学院等学校的实践成果"课程改革背景下地方高师院校数学教育课程群建设及教学改革的实践探索"获得浙江省高等教育教学成果一等奖，"数学教师课堂教学行为理论与实践研究"获得浙江省基础教育教学成果二等奖。

本书为2016年度浙江省高等教育教学改革项目"地方高师院校中学数学卓越教

师培养核心课程建设及教学改革实践研究"（jg20160151）的研究成果。

本书由杭州师范大学叶立军、斯海霞及湖州师范学院唐笑敏等编撰，温州大学方均斌、黄友初，绍兴文理学院俞宏毓参与部分章节的编写，已在书中标注。此外，感谢科学出版社石悦编辑为本书付出的辛勤劳动。

本书在编撰的过程中，吸收了许多专家学者的著作和研究成果，在此深表感谢。由于笔者学识有限，书中难免有不当之处，恳请各位专家、广大师生批评指正。

叶立军

2017 年 3 月于杭州师范大学

目　录

第1章　绪论 … 1
1.1　教师教育培养模式改革是基础教育改革的需要 … 1
1.2　教师教育培养模式改革是地方高师院校自身发展的需要 … 3
1.3　地方高师院校数学卓越教师培养存在的问题及改革现状 … 9
1.4　当前数学师范生培养现状及反思 … 13
1.5　卓越教师研究文献综述 … 23

第2章　研究设计 … 29
2.1　地方高师院校数学教育课程群建设及教学改革的实践探索 … 29
2.2　中小学数学教师课堂教学行为理论与实践研究 … 32

第3章　专业建设实践研究 … 42
3.1　杭州师范大学特色专业建设 … 42
3.2　湖州师范学院优势专业建设 … 52
3.3　地方高师院校数学卓越教师培养核心课程建设及教学改革实践研究 … 61

第4章　课程建设实践探索 … 69
4.1　教师教育国家级精品资源共享课"中学数学教学设计"课程建设 … 69
4.2　国家级精品资源共享课"复变函数"课程建设 … 74
4.3　浙江省精品课程"数学学科教学论"建设 … 78

第5章　教学改革实践探索 … 85
5.1　高等教育大众化与高等数学课堂教学模式改革 … 85
5.2　"慕课+翻转课堂"教学模式下的"中学数学教学设计"课程建设及实践 … 90
5.3　基于慕课建设背景下的"初等数学研究"课程教学改革研究 … 97
5.4　信息技术在课堂教学改革中的应用研究 … 102
5.5　区域互动、合作的教师教育人才培养模式的创新与实践 … 107
5.6　地方高师院校数学专业课程教学改革研究——以复变函数、近世代数和微分几何为例 … 114
5.7　依托数学教育课程构建"345"师范生数学教学技能培养模式的研究 … 119
5.8　"行动教育"在数学教育理论课程中的简化运用——以绍兴文理学院数学教育理论课程实施为例 … 125

第 6 章　卓越教师培养——协同育人模式构建 129
6.1　"PET"模式构建的必要性 129
6.2　教师课堂教学行为研究的四个要素 131
6.3　基于中小学教师专业发展的"PET"合作模式研究与实践 135
6.4　利用视频案例开展职前数学教师技能培训改革的实践探索 141
6.5　教育实习给地方高师院校数学教育本科教学改革的启示 145
6.6　地方高师院校数学师范生"四协同"培养模式的探索与实践——以湖州师范学院数学与应用数学专业为例 150
6.7　校地协同构建师范生职业能力与职业品格"嵌入式"培育体系的研究——以湖州师范学院数学与应用数学专业为例 154

第 7 章　实践效果 159
7.1　课程改革背景下地方高师院校数学教育课程群建设及教学改革的实践效果 159
7.2　地方高师院校引领下中小学数学教师课堂教学行为理论与实践研究效果 166

第 8 章　展望 168
8.1　优化课程资源，深化教学改革 168
8.2　地方高师院校实现教学资源、模式及方法共享 168
8.3　协同地方高师院校及其建立的基础教育基地，实现共同育人 169

第1章 绪　　论

1.1　教师教育培养模式改革是基础教育改革的需要

21世纪是以知识的创新和应用为重要特征的知识经济时代。科学技术迅猛发展，国际竞争日趋激烈，国家发展越来越依赖高素质的劳动者和大量的创新人才，越来越依赖教育发展的水平和质量。联合国教育、科学及文化组织在1994年提交的报告《教育——财富蕴藏其中》中指出，在当今信息时代，通过不断加重课程负担来满足社会对教育无止境的需求，既不可能，也不合适，必须改革知识为本、学科中心的课程教材体系。

20世纪80年代以来，世界各国掀起了新一轮的课程改革。课程是学校培养未来人才的蓝图，它体现着一个国家对学校教育的基本要求，影响着学校教育的水平和人才培养的质量。课程改革之所以得到世界各国的重视，之所以如此迫切地被提出来，是因为课程改革是教育改革的核心内容。课程是教育观念和教育思想的集中体现与反映，是实现教育培养目标的重要途径，是组织教育教学的主要依据，直接影响教师的教学方式和学生的学习方式，从而直接影响教育的质量。正因为如此，20世纪中后期以来，美国、英国、日本、韩国、新加坡等各国政府在推进教育改革中都十分重视中小学课程改革，将其作为关系国家生存与发展的重大问题优先予以考虑。

世纪之交，基础教育课程改革在世界范围内受到前所未有的重视。从对世界主要国家课程改革的比较研究中发现，课程改革的重要共同点是：每一个国家都把基础教育课程改革作为增强国力、积蓄未来国际竞争实力的战略措施加以推行。把培养什么样的国民、能不能适应21世纪全方位的挑战与国家和民族的命运紧密联系在一起，课程改革得到各国政府日益广泛的重视。也正是在这样的背景下，世界各国课程改革主要呈现出以下一些重要的特点与趋势。

（1）世界各国都非常重视调整培养目标。关注学生整体发展目标的调整，努力使新一代国民具有适应21世纪社会、科技、经济发展所必备的全面素质，而不仅仅关注学业目标。

（2）世界各国都十分关注培养方式的变化。强调要实现学生学习方式的根本变革，以培养具有终身学习的愿望与能力的、具有国际竞争力的未来公民。

（3）强调课程的整合性，注重学科之间的相互融合[①]。各国充分认识到知识不是孤立存在的，在解决实际问题中学生需要综合运用多种学科知识。因此，各国越来越强调传统学科之间的相互融合，如科学、社会科学、艺术等。

（4）关注学生的发展，培养学生的核心素养。在新课程改革浪潮中，各国际组织及世界各国纷纷组织教育学、心理学、哲学、社会学等领域的专家制定学生核心素养模型，以培养学生在未来社会的生存能力和竞争力。

（5）教育管理权力的下放与课程评价权力的集中。20世纪80年代以来，美国、澳大利亚、新西兰、英国、荷兰、瑞典、丹麦等国显示出了权力下放与集中两种不同趋势共存的现象。一方面，教育管理的权力，包括财政、人事等权力逐步下放给地区甚至学校；另一方面，课程标准、课程评价等课程决策权力却不断集中到中央。

（6）世界各国的课程改革也非常重视对课程内容和评价的改革。强调课程内容进一步关注学生生活和实际经验，反映经济、生活文化、科技的最新进展，并为学生提供致力于可持续发展的评价体系，促进每个学生充分的、多样化的发展。

基础教育在整个国民教育体制中有着独特的地位和价值，它既为学生的终身发展奠定基础，又对学生接受高等教育有着重要的意义。在21世纪，为了培养适应急剧变化的社会所需求的新型人才，各国都对基础教育的课程设置进行了大范围的调整和改革。在这场声势浩大的改革中，尽管各国的国情不同、文化各异、具体课程改革的实际情况纷繁复杂，但通过分析各国课程改革主要方面的基本情况，我们仍然可以发现上述一些共同的改革思路和基本趋势。各国课程改革的核心环节是课堂改革，而课堂改革的核心环节则是教师专业发展。在21世纪这场基础教育课程改革中，迫切需要能胜任新课程改革教学工作的师资队伍，加强师资队伍建设、保证教育质量是基础教育改革成功的关键。

在此背景下，教育部于2011年10月印发了《教育部关于大力推进教师教育课程改革的意见》（教师[2011]6号），并出台了《教师教育课程标准（试行）》。教育部于2013年8月印发了《中小学教师资格考试暂行办法》和《中小学教师资格定期注册暂行办法》（教师[2013]9号），确立了我国教师资格考试的新政策。《中小学教师资格考试暂行办法》明确指出，"参加教师资格考试合格是教师职业准入的前提条件"。2014年12月，教育部公布了5类80个卓越教师培养计划改革项目名单，要以实施卓越教师培养计划改革为契机，整体推动教师教育改革，全面提高教师培养质量。

通过教师资格认定制度、教师任用制度、教师的合理流动及学历补偿教育，提高师资队伍质量。高师院校理应进行教学改革，提高教学质量，为基础教育培养更多、更优秀的师资。

[①] 辛涛，姜宇，王烨辉. 基于学生核心素养的课程体系建构[J]. 北京师范大学学报（社会科学版），2014，1：5-11.

1.2 教师教育培养模式改革是地方高师院校自身发展的需要

近来,在高等教育领域,"一流大学应有一流本科教育""本科教学是大学的根本,是建设世界一流大学和一流学科的迫切需要""本科教学是一流大学的灵魂""重视本科教学是一流大学成熟的标志"等已经成为人们耳熟能详的观点。

众所周知,对大学而言,本科教育具有基础性和独特性,在大学的职能中,科研、社会服务等职能科研院所也可以具备,唯有本科教育这项职能任何社会机构都无法取代。但是,近年来由于自身发展定位的需要,同时出于参与国际竞争的必然需求,不少高校不同程度地出现了忽视本科教学的现象[1]。人们已经对建设世界一流大学和一流学科达成共识,在建设"双一流"进程中,需要大家一致行动,来塑造一流本科教育。

然而,本科教学中存在着教与学、教学与科研等诸多矛盾,要实现一流本科教学,必须解决几对矛盾。在地方高师院校教学中,教师教育培养模式作为其建设的重点、特色,解决以下几对矛盾,既是开展教师教育培养模式改革的需要,又是实现地方高师院校自身发展的需要。

1.2.1 教与学的关系

教学是教和学双边活动,教和学的关系问题是始终贯穿于教学活动的基本问题,也是教学论和教学改革的永恒主题。教与学的主体是不同的,教的主体是教师,学的主体是学生。教师和学生在教与学行为上的主体性,因受到教学体制、教师和学生的个人条件、教学设施和条件的影响,发挥程度并不完全一样。例如,我国古代的私塾、20世纪初在欧洲盛行一时的道尔顿授课制(教师可以和学生或学生家长商定教学计划,订立合同,开展教学。教师不再通过上课向学生系统地讲授教材,而只是按计划为学生分别指定自学参考书、布置作业,学生通过自学和独立作业学习。学生有疑难时,请教师辅导,学生完成一定阶段的学习任务后向教师汇报学习情况并接受考查)[2]。因此,教与学的行为有差异,但两者之间并不相互矛盾,也不是相互对立的。在小学、初高中阶段,国家制定了课程标准,使教师和学生可以围绕一致的教学目标和教学内容,在教与学的活动中结成教学共同体。[3]而在本科阶段,作为受教育者的学生,身心发展已经趋近成熟,已不像低年龄学生一样迫切地需要

---

[1] 张峰,项军华. MIT 本科教学活动的若干特点及启示[J]. 高等教育研究学报, 2010, 1: 62.
[2] 佐藤正夫. 教学论原理[M]. 钟启泉译. 北京: 人民教育出版社, 1996: 320-321.
[3] 王云生. 从实际出发辩证地看待教与学的关系[J]. 基础教育课程, 2015, 5: 29.

引导和帮助，教学共同体随之也需要相应的调整。虽然国家没有出台统一的课程标准，但也正因此造就了高等教育培养出的人才具有多样化的性质。

辩证唯物主义认为，事物发展变化的根本原因在于事物内部的矛盾运动，即内因是依据；外因则是次要原因，是事物发展变化的条件。教是学的手段，学生是教与学这一矛盾发展变化的根本原因，即内因。所以教是教学改革的主要目标，通过教师的教能够影响学生的学，学生对学习的期望和渴求，绵绵不断的学习积极性，勤奋好学的学习精神，以及认知规律和心理特征正是学生学习内因的具体体现。教师的教，就是激发学生学习的兴趣，只有尊重和适应学生的认知规律和心理特征，学生的学习动机才能很好地被激发出来。①本科的教学应该是引导学生"学会如何学习"，并学会批判性思维，拥有独立的创造性。在教学中，学应该是重点。从教学目的看，教是为学服务的，没有学也就不存在教。学是教学的重点和目标，教学改革应该围绕学生的学展开，教与学的关系是教学质量的重中之重。

1.2.2 教学与科研的关系

回顾历史，我们发现19世纪以前，大学并没有建制化的科研。洪堡以一种自由教育变种的方式，让科研以"纯学术"的形象契入大学之中，并使得"教学与科研相统一"成为经典模式。但是，随着科研重要性的增强及科研从小科学到大科学的转变，科研本身具有了自身的演化逻辑和建制，逐渐脱离教学而独立存在，并有压制教学的趋势。②因此，教学阻碍教师的科研这种看法在高校教师中成了根深蒂固的思想。但是对于大学来说，教学与科研都是必不可少的部分。

教学与科研之间有多层面的复杂关系。首先是学科层面的教学与科研关系；其次是学校层面的教学与科研关系；再次是教师层面的教学与科研关系；最后是学生层面的教学与科研关系。这四个层面无一不影响着教学与科研。

马克思提出："人类的一般认识过程是由实践到认识，再由认识到实践的过程。"由此我们可以将教学类比为实践，把科研比作认识。一方面，在教学过程中我们在学过、研究过的知识的基础上，为了使学生也能理解和掌握这些知识，需要进一步思考，同时在教学过程中有一些问题或者缺陷会被我们发现，而我们对这些问题进行更加深入的思考和探索，能促进科研工作的进行。另一方面，科研是教学发展和提高的关键，科研在教学中的应用和直接渗透，成为提高师资水平的重要途径。③师资水平的提高能直接提高教学水平与教学质量，因此科研反作用于教学，促进教学。可以看出教学与科研有着相辅相成的关系。

---

① 李萍，李军阳. 论教育中教与学的关系[J]. 当代教育论坛，2008，7：17.
② 吴洪富. 大学教学与科研关系的历史演化[J]. 高教探索，2012，5：102.
③ 秦瑞苗，张云婷，吴雨琼. 浅析高等学校教学与科研的关系[J]. 科教导刊，2013，4：7.

美国学者纳尔福认为:"如果以科研为横坐标以教学为纵坐标,二者关系类似一个右倾的抛物线,在较低科研水平上,科研的增长会导致教学质量的上升,但到达一定极限点后,过多的科研会占去大量的时间和精力,从而导致教学质量的下降,同样,过多的教学任务花费过多时间和资源也会严重影响科研成绩。"[①]显然,人的精力是有限的,投入教学的精力必然与投入科研的精力呈反比。有研究发现,高校教学和科研呈负相关;现行高校中对教学和科研活动的奖励机制不同,这加剧了二者的冲突。[②]由此可见,教学与科研之间有着对立统一的关系。

综上所述,如何平衡教学和科研间相辅相成又对立统一的关系是实现一流本科教学所需要解决的一个重要问题。

1.2.3 知识与能力、素养的关系

知识是指人类在实践中认识客观世界的成果,它包括事实、信息的描述或在教育和实践中获得的技能。它可以是关于理论的,也可以是关于实践的。在哲学中,关于知识的研究叫做认识论,知识的获取涉及许多复杂的过程:感觉、交流、推理。知识也可以被看成构成人类智慧的最根本的因素,知识具有一致性、公允性,判断真伪要依据逻辑,而非立场。能力指的是以人的一定的生理和心理素质为基础,在认识和实践活动中形成、发展的能动力量。能力的基本属性是实践性和综合性。人的能力是在遗传素质的基础上通过环境与教育的作用,在人与人、人与自然、人与社会的实践活动中形成和发展的[③]。素养是指以人的先天禀赋为基础经过训练和实践而获得的技巧或能力。

首先知识与能力是相互联系的。学生知识的累积有利于能力的形成,是发展能力的基础。同时能力反过来促进知识的吸收,即学生的能力越高,学习知识的速度越快,质量越高;能力依赖于知识,是以知识为基础的,如果能力脱离了知识,便降级成为技能,甚至是本能。素养体现了知识与能力之间不可分割的关系,知识是素养的内涵,能力是素养的外在表现,素养的两个基本要素就是知识与能力。面向21世纪社会的本科教学不仅仅要授学生以知识,更要培养学生的社会交往能力,以及与他人相处、共事、合作的能力。国际21世纪教育委员会向联合国教育、科学及文化组织递交的报告《教育——财富蕴藏其中》中,将学会认知、学会做事、学会与他人一起生活、学会生存作为教育的四大支柱,[④]使学生成为有素养的人。也正因此,如何处理好知识与能力、素养的关系是实现一流本科教学的重要问题。

---

① 杜恭贺. 论高校青年教师如何处理好教学与科研的关系[J]. 亚太教育,2016,1:192.
② 姜红. 论高校教学与科研的关系[A]. 第六届北京中青年社科理论人才"百人工程"学者论坛文集,2012:212.
③ 张荣国. 论素质与知识、能力的辩证关系[J]. 学校党建与思想教育,2009,13:17.
④ 联合国教育、科学及文化组织总部中文科. 教育——财富蕴含其中[M]. 北京:教育科学出版社,1996:80.

1.2.4 培养目标与课程实施的关系

教育部高等教育司前副司长杨志坚同志认为，培养目标"是把人塑造成什么样的人的一种预期和规定""体现着一系列思想观念，它规定着教育活动的性质和方向，且贯穿于整个教育活动过程的始终，是教育活动的出发点和归宿"。[①]也就是说对教育最终结果的最初预想，是在教育之初就已经产生的，在整个教育过程中都影响着教育，将教育对象转化为目标所设定好的样子。培养目标是具有引领作用的"指向标"，其蕴含着教育预期及教育理念，因此虽然培养目标是一种预期，但我们不能仅仅将其看成一种预期，而应看成一种教育理念的体现。为了实现这种理念，课程就必须依据培养目标来设计，教学必须根据培养目标进行调控，教育结果必须根据培养目标进行评估。[②]培养目标本身蕴含着极其丰富的教育思想，这种思想是在教育目标的形成过程中被赋予的，又在其实现的过程中得以显现、活化与充实。[③]培养目标的重要地位可想而知。

课程专家富兰指出，课程改革一般由三个阶段组成：①发起或启动阶段；②实施或最初使用阶段；③常规化或制度化阶段[④]。可以看出，课程实施在课程改革的第二个阶段。这是用一种改革的视角来看课程实施的，随着课程改革的发展，在学校管理制度上已经打破了新中国成立后传统的中央集权式的决策制度，建立了国家-地方-学校的三级管理体制，学校在管理上有了空前的自主权。这对课程实施的意义重大，处于最末端的学校、教师获得了一定程度上的自主权，可以根据实际情况对既定的课程实施进行调整，使课程实施完全服务于培养目标。

可见，课程实施服务于培养目标，而培养目标直接影响课程实施，如何制定好培养目标，使之符合现代化社会的需求；如何设置课程实施，将培养对象依照培养目标的方向塑造；如何处理好培养目标与课程实施之间的关系，使之不至于偏颇，本末倒置。这些都是目前亟待考虑的问题。

1.2.5 理论教学与实践教学的关系

当前我国的高校教育是面向大众的教育，而在实际教学中依然存在许多问题。例如，理论教学与实践教学相脱离，使用教材版本陈旧落后与新时代背景不符等，其中如何处理好理论教学与实践教学的关系是目前面临的一大难题。

---

① 杨志坚. 中国本科教育培养目标研究（之二）——本科教育培养目标的基本理论问题[J]. 辽宁教育研究，2004，6：8.

② 邵陵. 高校培养目标策划研究[J]. 西南民族大学学报·人文社科版，2005，9：343.

③ 文辅相. 中国高等教育目标论[M]. 武汉：华中理工大学出版社，1995：17.

④ Loucks S F. Curriculum Adaptation//Lewy A. The International Encyclopedia of Curriculum[M]. New York：Pergamon Press，1991.

一方面，现阶段高校教育是以课堂教学为主，其他教学方式为辅。这里的课堂教学即所谓的理论教学，是通过课堂向学生灌输课本上的理论知识的方法。然而，在这种教学方式下学生可以通过机械记忆将理论背下，以达到完成学业的目的；对学生学习成果的检验一般是以卷面考试的形式，只能达到对知识识记程度的检验，要达到对理解及应用程度的检验，是很困难的。而学生毕业之后面临最直接的问题是就业问题，就业需要的不仅是过硬的专业知识，更需要丰富的实践经验，这是理论学习不可替代的。在本科教学中设置教育实习活动，是实践教学的主要方式。其目的是通过教育实习，让学生理解应用并强化理论知识；其任务是传授学生实践经验，检验理论知识，培养学生理论联系实际的能力及实事求是、勇于探索的科学精神。

另一方面，一味地强调实践教学而弱化理论教学是存在弊端的，人才的成长需要过程，实践教学的过程是把学生在社会工作中的成长提前到了学校里。虽然这有"毕业即可上岗"的实用性优势，但是相对应的也一定程度上缩短了在校的理论教学时间，这使学生的理论水平、可持续发展水平受到一定的制约，学生在投入工作之后会有专业能力发展空间不足的情况。因此，理论教学和实践教学之间存在一定的制约关系。

为了满足社会对人才的需求及适应改革的需求，学校处理好理论教学与实践教学的关系至关重要。理论教学与实践教学是相互影响、相互制约的，因此理论教学是实践教学的前沿和基础，实践教学是理论教学的践行和深化，只有两者有机结合，才能达到最佳的教学效果，从而培养出高质量人才[1]。

1.2.6 职业取向与通识教育的关系

通识包含了人们生活中所有具有普遍适用性的常识性问题，而这些问题具有人类社会的复杂性，以及每个人对问题理解能力的差异性。因此，通识教育的目的是让培养对象认识到实际世界的矛盾性与差异性，对事物能有自己的认识，有自己的思想，并且能够与他人交流沟通，明辨是非。美国哈佛大学颁布的《自由社会中的通识教育》中指出：通识教育是主要通过提供文理基础教育内容的方式，让学生获得共同的学习经验和基本公民素养的教育理念。因此，通识教育是区别于专业教育的，但不和专业教育对立，也不是单一泛指普及教育，它的目的是培养学生的思考能力，以及学生在社会活动中实现自我价值的能力[2]。

本科教育后，大部分学生面临最直接的问题就是就业，而学生的职业取向是我们不得不关注的一个重要问题。大众教育化的高等教育导致每年高校毕业生数量持续增长，而用人单位的招聘计划跟不上毕业生数量的增长，就业形势变得越来越严

---

[1] 徐年富. 专业理论教学与实践教学合一的探索[J]. 消费导刊，2008，7：171.
[2] 张亮. 我国通识教育改革的成就、困境与出路[J]. 清华大学教育研究，2014，35（6）：80-84.

峻。社会不同于学校，有更多的不定性与复杂性，这对于即将毕业走向社会的大学毕业生来说，不免带来恐惧与迷茫。在职业取向上，大学生存在着个人职业取向与用人单位需求不符、无法客观切实了解自己做好定位等情况，所以正确合理的就业取向尤为重要。而通识教育的作用在一定程度上可以提升学生的适应能力，使其更好地融入社会，实现理想抱负。虽然职业取向的教育和通识教育性质迥异，但两者不能分割和对立。高校应正确处理两者的关系，培养学生成为人格健全的合格公民，以适应现代社会的发展需求。

1.2.7 创新人才与教学模式改革的关系

我国实施科教兴国、人才强国战略以来，创新人才一直都是受到关注的对象，这也是高校一直以来培养人才的目标。《国家中长期教育改革和发展规划纲要（2010—2020年）》指出，"党和国家要把创新人才培养模式、发展学生个性作为新时期深化教育体制改革的突破口""牢固确立人才培养在高校工作中的中心地位，着力培养信念执着、品德优良、知识丰富、本领过硬的高素质专门人才和拔尖创新人才"。[①]因此，高校不应局限于传统的办学理念，而应该突破它，将素质教育、专业教育及创新教育相联系，把人才的创新意识、创新精神和创新能力作为教育教学改革的重要风向标。

教学模式是指在一定的教学思想指导下，反映特定教学理论逻辑轮廓的，为保持某种教学任务的相对稳定而具体的教学活动结构。[②]它是将教学理论具体化，也是经过系统概括的教学经验。教学模式的改革应该以促进创新人才的培养为根本原则，转变传统教学思想，将创新融入教学教育理念中，成为教学目标。

当前创新人才培养还存在着如下问题：①学生学习的方式仍是被动接受的，而不是主动建构的；②学习脱离实际，而不是在实践中学习；③学习过程忽略团队合作；④创新实践形同虚设；⑤创新教学环境不足；⑥受到功利心态的影响。而教学模式同样存在诸如缺少职业情境的模拟，以灌输知识为主；空喊理论联系实际的口号，缺少实践环节；教学形式以班级为主，较少运用团队模式教学等缺陷。种种问题加深了创新人才与教学模式改革之间联系的必要性及重要性。

经调查，国内高校的教学模式已呈多样化发展的趋势。目前高校的教学模式主要有自主教学模式、协同教学模式、探究式教学模式、网络教学模式、案例教学模式等[③]，多种多样的教学模式并存已经为教学模式改革打下良好基础，处理好创新人才与教学模式改革的关系定能为实现一流本科教学保驾护航。

[①] 国家中长期教育改革和发展规划纲要（2010—2020）[Z]. http://www.gov.cn/jrzg/2010-07/29/content_1667143.htm[2010-10-15].

[②] 吴国民, 肖坤, 熊田田. 高等学校教学模式改革与素质拓展教育研究[J]. 当代教育论坛, 2006, 12: 92.

[③] 居占杰, 刘园园. 基于大学生创新能力培养的教学模式研究[J]. 重庆科技学院学报（社会科学版）, 2015, 10: 53.

1.3 地方高师院校数学卓越教师培养存在的问题及改革现状

百年大计,教育为本。人类已经步入 21 世纪,教育被人们视为个体发展和社会进步的动力,并被置于社会的核心地位。在这个新时代里,数学大众化已经成为现实。数学教学面向全体学生,建立大众数学,注意提高人的素质,更多地考虑满足人们日常生活和就业的需要,已经成为人们的共识。因此,数学教育必须改革,以满足全面提高人们的数学修养的需要。

数学教育的发展离不开数学教师,数学教育改革的成败关键也在于数学教师。人们已经普遍认识到:没有数学教师的协助及参与,任何数学教育的改革都不可能成功。当前,世界各国纷纷把数学教育改革的重点转向数学教师队伍的建设,虽然措施各异,但是数学教师专业化明显地成为当今世界数学教师教育和师资队伍建设的共同趋势。

数学教师专业化已经成为世界性潮流,也是我国数学教育发展的客观要求。数学教师专业化是指数学教师在整个专业生涯中,通过终身的数学专业训练,获得教育专业知识技能,实现数学专业自主,表现专业道德,并逐步提高自身数学教育素质,成为一名良好的数学专业教育工作者的专业成长过程。

然而,在实践中我们发现地方高师院校数学卓越教师培养存在以下一些问题。

1.3.1 地方高师院校数学卓越教师培养存在的问题

1. 专业课程设置与数学教师专业化的要求严重不符

长期以来,数学课程设置模式缺乏科学的指导思想,在整体课程结构中,数学专业课程设置与综合大学相差不大,严重影响着数学教师的专业化进程。一直以来,我国地方高师院校数学课程受苏联模式的影响,数学课程内容庞杂,门类多,彼此缺乏内在逻辑联系,主干课不突出。综观我国地方高师院校数学专业的课程设置,不难发现,数学专业课程所占比重太大,其他类课程没有受到应有的重视,如师范性的教育学、心理学、教学法等类课程比重太小,仅占 7%左右(与发达国家相比差距很大,如英国占 35%,德国占 30%)。现行高师院校数学教育专业虽开设必修课与选修课两类课程,但必修课基本上是数学专业课程。在高师院校数学教育专业开设的选修课比例较低,门类太杂,其开设有较大的盲目性,常因"人"设课,而较少因"学生的需要和培养目标的需要"设课,难以达到理想的效果;且学生缺乏选课自主权。同时,有些培养中学教师素质的课程根本没有开设。我们所培养的学生,如果去做中小学教师,他们的某些教学素质与实践需要有较大差距;如考取研究生继续深造，则数学理论基础又相对薄弱。

2. 高等数学知识与中、小学数学教学需求严重脱节

地方高师院校数学教育专业开设诸多高等数学课程，其重要性毋庸置疑。它对形成与完善高师生的专业知识结构，发展其数学专业技能，提高其专业修养，帮助形成高屋建瓴地分析和处理中小学数学教学内容的能力及解决初等数学问题的能力方面起着不可或缺的作用。

目前我国数学教育中，数学知识层次呈阶梯式上升，初等数学知识难以与高等数学知识直接衔接。由此，高师生在高师阶段通过高等数学教育所形成的个体知识结构与其将来从事中小学数学教育及教学实践时所面对的初等数学课程知识结构难以对接。以至于许多高师生认为，学习高等数学对将来所从事的教师职业没有多大的用处，因而大大减弱了自觉学习高等数学的原动力。另据调查，有相当多的中学数学教师认为，在中学数学教学中，高等数学知识对初等数学的教学存在很强的指导性。但他们却对这种指导性具体体现在何处很茫然，更不用说如何利用这种指导性了。我们认为，这在很大程度上反映了目前高师数学教育所存在的问题。高师阶段高等数学教学中这方面的指导和训练没有得到足够的重视，是导致广大中小学教师对高等数学知识指导性认识方面缺位的主要原因之一。"学高等数学，忘初等数学，教初等数学，忘高等数学"，也就不足为怪了。

3. 课程设置缺乏时效性

课程设置是科学发展和社会需求两方面的反映，而课程的及时改革与更新对学科建设、学生就业具有很大的影响。然而，笔者发现高师院校数学教育专业对本科课程的设置与内容的更新比学生与社会的要求往往要迟得多。由于课程设置的严重滞后，培养出的数学教师不能适应社会的快速发展，严重影响了数学教师专业化的进程。

4. 课程严重膨胀

当今社会日新月异，科学技术飞速发展，尤其是数学发展迅速，新的分支不断出现。因此，高师院校的学生需了解的新知识非常多。数学专业科目的设置面临着旧课程难以删减而新课程又不得不安排的处境。同时，高师院校数学课程中没有或者很少有利用现代教育技术进行学生自主学习的课程，所以这种情况下培养出的学生数学实践能力较薄弱，如制作和使用课件的能力、数学问题解决能力等，想要有所创新就难了。特别值得一提的是，高师院校的数学专业教师不重视教学法，认为教学法只是中小学教师的事，而训练他们提高教学技巧、发展教学素质只是中学教材教法教师的任务，从而造成了高师院校学生缺乏运用教学法的能力。

当然，也存在其他一些问题，如教育观念陈旧、教学方法不当、教学手段落后

等。但笔者认为,合理的课程设置有利于给学生搭建一个合理的知识框架及形成合理的素质结构。但只有这样一个框架是不够的,还要对课程内容进行整体优化,对高师课程"知识形态"进行改革,实现由"学术形态"到"教育形态"的转变。并以此视野观照当前的高师院校数学教育专业课程体系,从而明确高师院校课程改革的方向,制定正确措施,以实现对教育整体改革的局部支持。

在多年的理论研究与实践探索中,为了解决上述存在的问题,地方高师院校数学专业也在开展一系列的课程改革。

1.3.2 数学教师专业化下的地方高师院校数学教育专业课程改革

1. 改革当前培养模式,提出分层次教学

充分认识数学教师专业化和数学教学专门化,在高师院校数学教育专业进行分层教育,更适合于当前的实际。分层教育,即高师本科阶段实行"两个阶段,2+2模式"的培养模式。具体地说,从市场经济发展的要求来看,随着科技化程度的提高,新的行业划分与调整一直在进行中,反映在教育上就是师范性的学科专业不断增加。因此,高师院校数学本科专业的课程设置必须符合专门化的准则。笔者认为,培养过程分专业教育和教育培训两个阶段,培养目标分实践性很强的职业教育和理论性较强的普通师范类教育两类。第一阶段是非师范的专业教育,按照培养数学专业人才的要求来设置数学课程;第二阶段是教育培训,对高师院校数学教育专业学生进行专门的师范培训。为此,笔者认为应采用"2+2模式"。"2+2模式"是指学生入学先学习两年的普通文化知识课程和数学专业课程,然后进行两年的教育学科专业课程教育。

2. 建立全新的课程体系,培养专通结合的复合型人才

师范教育区别非师范教育的最大特征在于,师范生受过一定程度的教育训练。因此,在高师数学本科教育中限定教育课程在全部课程中所占比重的最低标准是高师教育的客观要求。客观要求是参照市场经济成熟的国家的设计模式,奥利维多斯从20世纪50年代末到70年代初,对拉美20个国家进行了15年的调查,对初等教师培养的课程设置,教育学科课程课时占55%,普通文化课程占45%。根据国际劳工组织和联合国教育、科学及文化组织对70多个国家的教师教育的情况作了调查,发现学科文化约占60%,学科教育约占40%。因此,笔者认为教育类课程所占比重为20%~35%符合通行标准。因此,课程结构改革的重点是基础课。开设数学专业基础课以保障学生数学学科知识结构的形成及数学理论思维能力的发展,既能保障学生是"学数学"的,又能形成学生的"专业性格"。我们认为,应该适当减少"数

学分析""高等代数""解析几何"的学分，适当减少必修课与专业课的学分，增加现代数学内容。将传统的"高等代数"与"解析几何"两门课程融为一门课，命名为"代数与几何"，其方法为用一般的代数理论去统率几何，同时用几何的直观去解释代数，从而减少学分。

强化学生的教师基本技能训练，开设旨在培养高师院校学生教师素质的课程。注重教师技能的培养教育见习课、教育实习是提高数学教师不可缺少的环节。为了提高这两者的效果，可以将教育见习课提前到第四学期进行，同时将教育实习分散为几部分时间开展。

同时，在高师院校数学课程中，开设一些数学教育及教学方面的课程，以保障学生能"教数学"，即形成学生的"职业性格"。此类课程包括"中学数学现代基础""中学数学解题研究""中学数学教学论""数学方法论""数学习题论""中学数学比较教育""数学思想史"等。

增开现代教育技术相关课程，如计算机技术、网络技术多媒体课件制作等，使学生尽早掌握现代教育技术和手段。增开中学数学教育研究系列选修课，如开设数学实验课、数学建模课等实践性课程，以提高高师学生的科研能力。参与教育科研活动，不仅有助于先进的教学思想的传播，新的教学方法的推广，而且有助于数学教师自身业务能力和教学理论水平的提高。

3. 提出高师课程数学知识应由"学术形态"转变为"教育形态"，以适应数学现代化的发展要求

高师学生，即未来的中、小学教师，胜任中、小学数学学科教学应具备的素质是数学教师专业化关注的焦点之一，如其中一项核心的教学素质就是数学解题能力。从根本上来说，这是一项"智慧技能"，即缄默性心理"运动"能力，且解题能力在具体的解题过程中，具有很大的创造性，而呈现出"顿悟"的特点。这种解题能力与一般科学家所具备的解题能力是不同的。我们认为，这种能力是一种心理演算示范能力，即把一些基本上是不可言述的心理演算过程示范给学生看的能力。科学家的演算过程，外人不必看懂，但教师教学过程中的演算过程，学生是必须能看明白的。因此，这是一种综合能力，既包括问题解决的能力，又包括示范能力。问题解决能力可通过心理的"完型"作用而获得，即可通过数学学术形态知识学习，在数学学科知识体系的整体认识的基础上而获得；而心理演算的示范能力仅仅进行数学学科知识、技能训练是不够的，必须通过内化程序性知识的演练过程而得以提高；另外，数学"知识美"的追求，仅仅通过学术形态知识的学习是不够的，还必须了解一些关于这些知识的"人性化"或"个性化"的东西，这些东西就形成了枯燥的符号化的数学学术知识对个体的意义，在意义的引导之下，知识随之产生"美"的效果，而不再是外在于个体的抽象符号。这些东西包括知识发现的历史历程、科学

家发现知识时的心理感受等,从而激发学生的"求知热情",增强探究数学问题的心理动力。"知识美"的追求是知识的"教育形态"的重要特点。

如果说重知识的客观性、严谨性、体系性可以归结为数学知识的"学术形态"的话,那么重知识的完整性、程序化、知识美,则可归结为数学知识的"教育形态"。我们认为,课程知识的"教育形态"有利于培养高师生的教学素质,尤其有利于培养他们的数学解题能力。

1.4 当前数学师范生培养现状及反思

近年来,中国学生在一些大型国际比较研究的数学方面表现优异,使中国数学教师素质越来越受到国内外研究者的关注。职前数学教师作为数学教师队伍的储备力量,其专业准备现状也是目前一个重要的研究课题[①]。

1.4.1 国内外有关数学师范生准备情况的研究

已有研究者或研究机构从宏观和微观的角度对数学师范生的准备情况进行研究。从宏观角度看,一些研究机构,如教育政策研究联盟(Consortium for Policy Research in Education,CPRE)比较了中国、日本、韩国、新加坡、泰国、美国六国的中小学教师的入职要求、标准和达标情况。英国教师中心教育信托基金会(CFBT Education Trust)介绍了中国、捷克、英国、芬兰、俄罗斯、新加坡等十国的数学教师职前教育的学制、课程要求和社会背景。当然,也有研究者个人或团队只针对其本国数学教师教育课程设置进行分析研究。上述研究聚焦数学教师教育的宏观层面,加深了人们对教师素质和教师教育政策与课程的理解[②],但对教师教育实践、职前教师素质的关注不够。

此外,也有许多研究者从微观的角度研究数学教师准备情况,即对某一学科知识点及教学的认识。比如,龚玲梅等以"函数"为例,采用标准化问卷,从函数知识假设模型的"概念表征""图像性质""反函数和复合函数"成分出发,测试101名职前中学数学教师的学科知识水平。研究表明,职前教师学科知识的结构比较松散,缺乏相互联系[③]。冯璟和陈月兰从无理数的定义、在坐标轴上的表示等知识点出发,调查了64名职前数学教师对无理数的认识,研究表明职前数学教师对无理数的认识仅停留在教材中的定义,缺乏知识点之间的联系[④]。又如Yanik通过半结构化

---

① 李业平,黄荣金. 从国际比较研究的视角来看中国职前数学教师教育[J]. 浙江教育学院学报,2009,1:37-44.
② 赵冬臣,马云鹏. 教师教育国际比较研究的新进展:TEDS-M 评介[J]. 全球教育展望,2010,12:60-64.
③ 龚玲梅,黄兴丰,汤炳兴,等. 职前数学教师学科知识的调查研究[J]. 常熟理工学院学报(教育科学),2011,6:28-32.
④ 冯璟,陈月兰. 对无理数的认识[J]. 中学数学月刊,2010,2:30-32.

访谈的形式调查了 44 位中学职前数学教师对几何转换的认识,其研究结果揭示了这些职前教师对"几何转换"的不同观点[①]。这类从微观角度出发研究职前数学教师知识能较为细致地揭示教师对某一知识点的准备情况,但无法很好地解释其对就职准备情况的一般特性。

国际教育成就评价协会(international association for the evaluation of educational achievement,IEA)发起和组织的首次大型数学教师教育与发展的国际比较研究 TEDS-M(teacher education and development study in mathematics),从教师教育政策、教师教育实践和教师教育成效三个层面对美国、俄罗斯、新加坡、泰国、中国台湾等 16 个国家和地区的中小学数学教师职前教育情况进行宏观与微观比较,这在一定程度上弥补了上述宏观研究存在的不足,同时它对我国数学教师教育研究和实践具有一定的借鉴意义[②]。

具体地,TEDS-M 中职前教师的"为了教学的数学知识"(mathematics knowledge for teaching,MKT)被看成是体现教师教育结果的关键变量,基于舒尔曼提出的三类数学教师专业知识:有关数学任务的知识、学生错误理解及困难的知识及数学教学知识,以及范良火等界定的课程知识与教学的内容知识,TEDS-M 中将 MKT 分为两个主要因素:数学内容知识(mathematics content knowledge,MCK)和数学教学知识(mathematics pedagogical content knowledge,MPCK)两个维度,其中 MPCK 又细分为数学课程知识、数学教学计划知识及数学教学实践知识[③]。

事实上,尽管数十年来研究者们对教师知识的分类不尽相同,但无论是哪个领域所做的关于教师知识的研究,均是以学科内容知识(subject matter knowledge,SMK)和教学内容知识(pedagogical content knowledge,PCK)为核心展开的。Ball 及其研究团队梳理了前人关于教师数学知识的研究,基于已有的关注教师特征与关注教师知识那两条研究线路(SMK 与 PCK)提出的"教学需要的数学知识",指数学教学中所需要的、能用于教学的、有益于教学的数学知识[④⑤]。

此外,除了解职前数学教师准备情况之外,仍十分有必要理解其关注、认识、行为产生的原因,分析职前教师关于数学教学的信念便是其中很重要的一条途径。教师的教学信念影响着其教学行为,进而影响教师的教学效果和学生的学习效果,

---

① Yanik H B. Prospective middle school mathematics teachers'preconceptions of geometric translations[J]. Educ Stud Math,2011,78:231-260.

② 赵冬臣,马云鹏. 教师教育国际比较研究的新进展:TEDS-M 评介[J]. 全球教育展望,2010,12:60-64.

③ M T Tatto,T S Schwile. Teacher education and development study in mathematics(TEDS-M)conceptual framework[J]. Policy,Practice,and Readiness to TeachPrimary and Secondary Mathematics,2008:21-23.

④ 庞雅丽. 美国 MKT 研究的缘起、发展及启示[J]. 外国中小学教育,2013,6:36-40

⑤ Ball D L,Thames M H,Phelps G. Content knowledge for teaching:What makes it special? [J]. Journal of Teacher Education,2008,59:389-407.

对于即将任教的职前数学教师而言,他们已有的教学信念会直接影响以后的教学[1][2][3]。教学信念是认识和情感的"合金"[4],虽然国外有大量关于数学师范生认知方面的研究,也有少量关于数学师范生情感方面的研究。比如,Hannigan 等使用标准化测试卷及问卷,调查了职前中学数学教师对统计概念型知识的理解及态度[5]。Jansen 和 Spitzer 对 33 名中学职前教师通过开放式问卷和访谈相结合的方式调查职前教师对自己教学能力的反思技能[6]。Bjuland 组织职前数学教师进行有关几何内容的合作性问题解决,通过分析学生对话考查学生合作解决问题过程中对自己学习的反思能力。但是有关数学师范生的数学信念的研究相对较少[7]。这也是今后研究者值得深入关注的课题。

综上所述,研究者或机构对职前数学教师准备情况的研究主要从"课程设置""教师知识""教学信念"这几个方面考察职前数学教师的准备情况,下面将结合已有研究成果,从上述几方面介绍中国中学职前数学教师的准备情况。

1.4.2 当前中学职前数学教师准备情况分析

1. 课程设置

自 1897 年清政府创建我国第一所师范学校上海南洋公学至今,我国的教师教育已有一百多年的历史[8]。中华人民共和国成立后,我国学习苏联高等教育的办学模式,独立设置培养中等学校师资的高师院校[9]。《中共中央国务院关于深化教育改革全面推进素质教育的决定》(1999 年)提出:"鼓励综合性高等学校和非师范类高等学校参与培养、培训中小学教师工作,探索在有条件的综合性高等学校中试办师范学院。"我国"综合大学办教育学院"的模式,有两种基本的途径:一种是综合大学创办以教师培养特别是教师培训为特色的教育学院,如北京大学等综合性大学创办教育学院的探索;另一种是高师院校与其他院校合并,或以高师院校为基础发展而

---

[1] Shulman L S. Paradigms and research programs in the study of teaching: Acontemporary perspective//Wittrock M C. Handbook of resear chonteaching[M]. New York: Macmillan, 1986: 3-36.

[2] Kagan D M. Professional growthamong preservice and beginning teacher's[J]. Review of Educational Research, 1992, 62 (2): 129-169.

[3] 王萍萍, 顾正刚. 数学师范生实习前后教学信念情况调查研究[J]. 中学数学月刊: 2007, 2: 1-5.

[4] 康武. 信念——数学教师的方向性问题[J]. 数学教育学报, 2003, 2. 17-20.

[5] Hannigan A, Gill O, Leavy A M. An investigation of prospective secondary mathematicsteachers' conceptual knowledge of and attitudestowards statistics[J]. J Math Teacher Educ, 2013.

[6] Jansen A, Spitzer S M. Prospective middle school mathematics teachers'reflective thinking skills: Descriptions of their students'thinking and interpretations of their teaching[J]. J Math Teacher Educ, 2009, 12: 133-151.

[7] Bjuland R. Student reachers' reflections on their learningprocess through collaborative problem sovling ingeometry[J]. Educational Studies in Mathematics, 2004, 55: 199-225.

[8] 陈静安, 杨蕾, 孙莅文. 中学数学教师职前教育及课程结构比较研究[J]. 云南师范大学学报, 2011, 1: 71-78.

[9] 张守波, 朱成科. 高师数学教育专业课程改革初探[J]. 教育研究, 2006, 2: 69-73.

成为综合性大学，如苏州大学、宁波大学等①。我国现行的职前数学教师教育主要有专、本、硕三种规格，由于本科教育为主流②，下面将选取部分本科职前数学教师教育为对象，分析其课程设置特征。

由于从 20 世纪 90 年代起，一些综合性大学也加入教师教育的培养行列，为此，张守波③有代表性地选取北京大学等 6 所综合性大学、北京师范大学等教育部直属 6 所师范性大学和山东师范大学等 5 所地方高师院校为样本④，以这 17 所大学数学与应用数学专业培养计划为依据，从课程结构、教师教育培养相关的课程性质及数学专业主干课程三方面对其课程设置情况进行比较分析。

在课程结构方面（表 1-1），研究者按照通识必修课⑤、通识选修课、专业必修课、专业选修课、实践课⑥对课程进行了划分。在这些课型中，综合性大学、教育部直属师范大学和地方高师院校的专业课（包括必修课和选修课）平均比例都是最高的，分别为 63.00%、57.50%、59.80%。尤其是在综合性大学中，专业课的平均比例最高达到 63.00%，且必修课为主要内容。其次是通识课和实践课，通识课在综合性大学、教育部直属师范大学和地方高师院校的平均比例分别为 30.90%、32.50%、31.80%，其中教育部直属师范大学比例最高，其次是地方高师院校和综合性大学，且通识课的必修课都占主要部分。三类院校开设实践课的比例都较小，综合性大学、教育部直属师范大学和地方高师院校实践课平均比例分别为 6.10%、10.00%、9.50%。其中教育部直属师范大学所占比例最高，为 10.00%，这在一定程度上说明实践的重要性没有得到应有的重视。

表 1-1 数学与应用数学专业课程类别平均比例比较 （单位：%）

课程类别	通识必修课	通识选修课	通识课（选修+必修）	专业必修课	专业选修课	专业课（选修+必修）	实践课
综合性大学	26.20	4.70	30.90	40.70	22.30	63.00	6.10
教育部直属师范大学	25.60	6.90	32.50	41.50	16.00	57.50	10.00
地方高师院校	26.40	5.40	31.80	38.90	20.90	59.80	9.50

---

① 王建磐. 教师专业化与教师教育政策的选择[J]. 高等师范教育研究，2001，5：1-4.
② 陈静安，杨蕾，孙莅文. 中学数学教师职前教育及课程结构比较研究[J]. 云南师范大学学报，2011，1：71-78.
③ 张守波. 数学教师教育本科专业课程体系与教学模式统整研究[D]. 东北师范大学博士学位论文，2009：65-71.
④ 6 所综合性大学：北京大学、南开大学、浙江大学、南京大学、复旦大学、吉林大学。6 所教育部直属师范大学：北京师范大学、华东师范大学、东北师范大学、西南大学、华中师范大学、陕西师范大学。5 所地方高师院校：山东师范大学、吉林师范大学、辽宁师范大学、四川师范大学、哈尔滨师范大学。
⑤ 通识必修课包括大学外语、信息技术、体育、美育、马克思主义基本原理、形势与政策、毛泽东思想、邓小平理论和"三个代表"重要思想概论等。
⑥ 实践课包括教育见习、教育实习、毕业论文、劳动、数学实验和数学建模等。

在教师教育培养相关的课程方面，研究者将课程分为通识课、专业课、教师教育课[①]、教育实践课[②]四类课程，从表 1-2 看出，无论哪一类型的高校，其专业课（包含必修课与选修课）所占的比例都是最大的，其中综合性大学、教育部直属师范大学、地方高师院校此类课程所占的学分比例平均为 57.30%、50.50%、58.30%。其中开设的教师教育类课程所占的比例较小，其中地方高师院校所占的平均比例为 21.30%，综合性大学所占的平均比例最小，为 6.30%。这里值得注意的是，教育实践类课程的开设比例最小，其所占的比例最高不到 5.00%。

表 1-2　数学与应用数学专业课程类别平均比例比较　　　（单位：%）

类别＼课程	通识课（必修课+选修课）	专业课（必修课+选修课）	教师教育课（初等数学内容）	教育实践课
综合性大学	30.30	57.30	6.30	1.30
教育部直属师范大学	32.30	50.50	14.70	4.50
地方高师院校	26.80	58.30	21.30	3.50

但从表 1-1、表 1-2 亦可看出，虽然整体上看，实践类、教育实践类课程比例较小，但在实践类、教育实践类课程中教育部直属师范大学所占比例都为最高，综合性大学所占比例最小。

在数学专业主干课程方面，研究者统计了 17 所大学数学与应用数学专业课程：数学分析、高等代数、解析几何、常微分方程、复变函数、实变函数、概率论、数理统计、泛函分析、拓扑学、抽象代数、偏微分方程、微分几何、数学模型、数学实验。分析发现三类大学的数学专业课程设置差异不大，体现了大而全的设置课程模式。数学分析、高等代数、空间解析几何、常微分方程、复变函数、实变函数、概率论等课程，各类学校几乎作为必修课开设，仅仅在复变函数和实变函数课程的开设上，个别地方高师院校要求略有降低。

有研究者曾通过问卷调查辽宁省沈阳市、吉林省长春市和黑龙江省哈尔滨市 13 所中学的 150 名初中数学教师的教师知识发展的重要程度，研究结果显示其中在职前的各种教师知识来源中，教育见习实习、微格教学等教育实践课是职前比较重要的教师知识来源，而数学专业课、教育类课程是最不重要和次不重要的教师知识来源[③]。这与上述统计结果显示我国三类教师培养院校的课程设置中数学专业课比例最高，教师教育课程、教育实践课比例最低和次低的现象正好相反。相应地，范良火研究美国芝加哥高中数学教师如何发展他们的教学知识的调查结果亦显示：与"教

---

① 教师教育课（初等数学内容）包括初等数学内容、教育学、心理学、中学数学教学论、教育心理学、现代教育技术、数学教育研究方法、教师职业基本技能等。

② 教育实践课包括教育实习、教育见习、微格教学。

③ 韩继伟，马云鹏，赵冬臣，等. 中学数学教师的教师知识来源的调查研究[J]. 教师教育研究，2011, 5: 66-70.

师自身的教学经验和反思""和同事的日常交流""在职培训"等方式相比,"作为学生时的经验""职前培训"是最不重要的知识来源[①]。这都在一定程度上表明当前的职前数学教师教育与中小学教学实践的脱节。教育类课程、数学专业课程、教育实践课程设置需考虑基础教育实践的复杂特征和需求,使职前教育与基础教育实践有机结合,教师教育才能真正实现作为一种专业教育,成为"为了专业实践的教育"(education for professional practice)。

2. 教师知识

1) MKT 的界定

美国密歇根大学学者 Ball 及其研究团队提出的"教学需要的数学知识"(mathematical knowledge for teaching,MKT)指数学教学中所需要的、能用于教学的、有益于教学的数学知识[②]。该团队提出的 MKT 结构模型含六个子成分(图 1-1),并可归为两大类知识。一类属于学科内容知识(subject matter knowledge,SMK),由一般内容知识(common content knowledge,CCK)、专门内容知识(specialized content knowledge,SCK)和横向内容知识(horizon content knowledge,HCK)构成;另一类属于教学内容知识(pedagogical content knowledge,PCK),由内容与学生的知识(knowledge of content and students,KCS)、内容与教学的知识(knowledge of content and teaching,KCT)和内容与课程的知识(knowledge of content and curriculum,KCC)构成。

图 1-1 MKT 结构模型

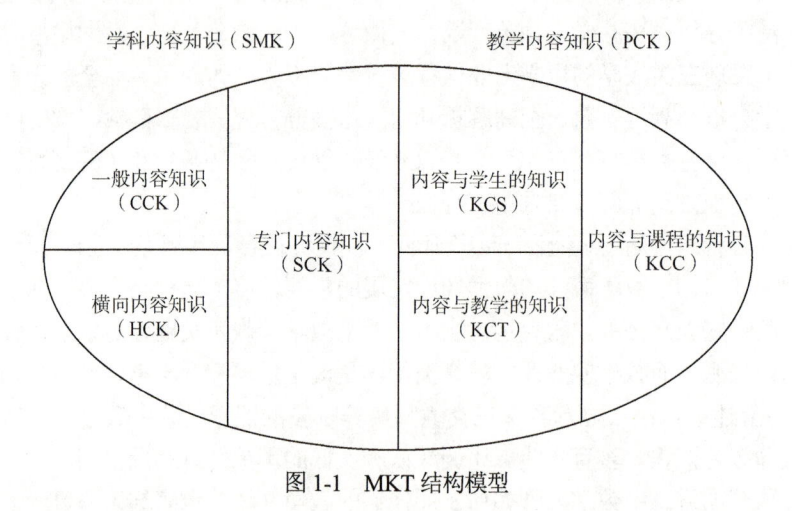

[①] 范良火. 教师教学知识发展研究[M]. 上海:华东师范大学出版社,2013.
[②] 庞雅丽. 美国 MKT 研究的缘起、发展及启示[J]. 外国中小学教育,2013,6:36-40.

2）职前数学教师的 MKT

目前国内有关职前数学教师的知识准备的研究并不多，有部分研究者从微观的角度研究数学教师准备情况，如对某一学科知识点及教学的认识。为较为深入促进职前数学教师知识发展情况，庞雅丽和徐章韬都从 MKT 出发，揭示了职前数学教师的知识准备情况。两位研究者具体的研究对象如表 1-3 所示。

表 1-3 MKT 研究对象

项目	MKT		内容	知识载体	对象	其他
庞雅丽	SMK（CCK、SCK、HCK）	PCK（KCS、KCT）	问卷调查	数的概念与运算	5 所高校 360 人（1 所 "985"院校，2 所 "211"院校，2 所普通高师院校）	—
徐章韬	SMK	PCK（教材知识、学与教的知识）	问卷调查/深度访谈	三角知识（中学）	6 名师范生（从多种来源收集数据，包括备课教案、课堂观察、反思日志、无结构问卷调查和半结构访谈等）	四种水平：内容水平、概念水平、问题解决水平、方法—探究水平

考虑到课程知识虽然对教学而言也很重要，但不属于教学需要的数学知识，因此庞雅丽在 MKT 研究中不包括 KCC，只考虑 SMK 中的 CCK、SCK、HCK 及 PCK 中的 KCS、KCT。她从 MKT 五个子要素出发，以数的概念与运算（中学）为载体设计问卷，通过对中国 5 所高校（1 所 "985" 院校，2 所 "211" 院校，2 所普通高师院校）360 名大三学生进行问卷调查，了解职前数学教师的 MKT 现状[①]。

学科知识和学科教学是 MKT 的两大支柱，徐章韬从数学发生的角度看，主要考察 SMK 与 PCK，其中 PCK 具体细分为教材知识、学与教的知识。与此同时，研究者在参照数学理解水平的分析框架和数学认知水平分析框架的基础上，构建用于描述"面向教学的数学知识"的四个水平：内容水平、概念水平、问题解决水平、方法—探究水平。其中内容水平的理解表现为回忆事实，用数学术语正确描述例子，获得技能，或在已熟知的确切背景和情景中复述思考策略；概念水平的理解表现为确定模式和关系，把包含模式和关系的现象分类，按照模型的需要对已有的概念、程序、性质和命题进行推广或特殊化，能够在数学概念或命题的不同表征形式之间互相转化；问题解决水平的理解表现为发现模式，回顾、解决相似的问题，在不同情境中迁移应用，为物理或者社会现象、数学表示的模型；方法—探究水平的理解表现为能对推理、证明或问题解决的方法做出评价，知道如何检验知识以及数学本身的逻辑结构，以及在其他领域中的有关探究，能正确判断什么是学习价值的问题[②]。具体地，研究者以"三角知识"为内容载体，以 SMK、教材知识、学与教的知识为分析框架，对 6 名师范生进行跟踪深度分析（研究从

---

① 庞雅丽. 职前数学教师的 MKT 现状及发展研究[D]. 华东师范大学博士学位论文，2011：59，60.
② 徐章韬. 师范生面向教学的数学知识之研究[D]. 华东师范大学博士学位论文，2009：68，69.

多种来源收集数据，包括备课教案、课堂观察、反思日志、无结构问卷和半结构访谈等），时间跨度为从大三结束开始至大四实习期结束。以考察职前数学教师的 MKT 水平并分析其原因。

综合上述两位研究者的研究结果显示如下。

（1）从高师院校整体上看，职前数学教师的 SMK 水平显著高于 PCK 水平，而在 SMK 中，职前数学教师在 CCK 上表现优异，在 SCK 上表现有限，在 HCK 上表现尤其薄弱；在 PCK 中，KCS、KCT 均比较有限。

（2）从学校类型看，重点高师院校职前数学教师的 MKT 水平显著高于一般高师院校的职前数学教师，其差异性主要体现在 SCK、HCK、KCS 这三个子类别上。

（3）职前数学教师的 SMK 和 PCK 都没有达到方法—探究水平。虽然徐章韬将 PCK 分为教材的知识、学与教的知识，但他们都停留在前三个等级上。一方面，从中可以看出职前数学教师不清楚知识的发生发展，没有有意识地把握知识间的联系，另一方面也表明他们对学与教的理解比较缺失。

3. 教学信念

20 世纪初，社会心理学家首先开始研究信念的本质和信念对人们的行为产生的影响，从 20 世纪 80 年代开始，数学教育研究者开始关注教师的数学信念和数学教与学的信念[①]。数学教师的教育信念是教师在教育教学中所形成的对相关教育现象，特别是对数学及自己的教学能力和所教学生的主体性认识，它影响着教师的教育实践和学生的身心发展[②]。国内研究者常将数学教师信念分为数学教师持有的数学信念、数学教与学的信念[③]进行研究分析。

教师关于数学的信念指导着他们将来的教学实践[④]，它不仅会影响教师的教学理解，也会决定教师的教学行为。虽然家庭教育、学校教育都影响着师范生的教学信念形成，但教师职前教育阶段作为正式进行教师教育的第一步，是教师数学教学信念形成的重要阶段。国内研究者对职前数学教师的教学信念的研究主要采取质性分析和量化分析相结合的方式，从教师的数学信念、数学教与学的信念这几方面入手揭示其特征，并探究不同性别师范生的教学信念差异。此外，由于教学实习是数学教师在大学阶段将理论学习与实践结合最重要的环节，研究者们常选择教学实习研究其对教学信念发展的影响。

---

① 金美月，郭艳敏，代枫. 数学教师信念研究综述[J]. 数学教育学报，2009，1：25-30.
② 康武. 信念——数学教师的方向性问题[J]. 数学教育学报，2003，2：17-20.
③ 喻平. 数学教师认识信念的一个理论框架与量表设计[J]. 数学教育学报，2013，8：34-38.
④ Thompson A G. Teachers' belief and conceptions: A synthesis of the research//Grouws D A. Handbook of Research on Mathematics Teaching and learning[M]. New York: Macmilian, 1992: 127-144.

周仕荣借鉴 Cooncy[①]结合有关教学反思得出四种特征的职前教师，即孤立主义者、幼稚的理想主义者、幼稚的关联主义者和反思的关联主义者，采用问卷调查与观察、访谈，教学日记与口语报告相结合的方式，分析某地方院校 79 名大三数学师范生数学信念、教的信念、学的信念特征及 4 名教育实习生数学教学信念发展。结果显示，师范生的教学信念系统是建立在关于如何学的基础信念上的，关于教和数学本质的信念很大程度上是依赖关于学的信念。师范生的教学信念发展水平仅在孤立主义水平和幼稚的理想主义水平间徘徊。具体地，关于数学本质的信念和教数学的信念没有明显的发展，但关于学生学数学的信念有了一定发展，即从自己学习数学的信念转变到教学生学数学的信念上[②]。

在教学实习过程中，职前数学教师虽表现出不稳定、细微递进的特点，但都未达到反思的联结主义信念水平。特别地，王萍萍和顾正刚在对数学师范生实习前后的信念进行调查研究后发现，教育实习对女生师范生数学教学信念的影响远大于男生[③]。这种职前数学教师教学信念性别差异也体现在其他研究者如王凯司[④]、梁志平[⑤]、王靖之[⑥]的研究中，他们的研究都表明，女生的教学信念水平要明显高于男生。

1.4.3 当前数学师范生准备情况反思

20 世纪 60 年代，随着教育的大发展，世界各国教师教育的主要矛盾是量的问题，即需要大量的教师，而到了 20 世纪 80 年代，各国对教育质量问题的关注要求把教师职业作为一个专门的职业来看待。要提高教学质量，就必须确立教学工作的专业性地位，师范教育的责任就在于培养出训练有素、达到专业化标准的教师，以教师的专业化实现教学的专业化[⑦]。然而，从上述分析可以看出，无论是职前数学教师的 MKT 水平还是教学信念，他们在数学知识维度表现相对出色，但在有关教学的知识与信念方面则相对逊色。

具体地，职前数学教师的 MKT 整体水平不容乐观，除了在一般内容知识上表现优异之外，他们的专门内容知识也表现一般，职前数学教师的学科内容知识水平显著高于教学内容知识水平，虽然重点高师院校职前数学教师的 MKT 水平显著高于一般高师院校的职前数学教师，但这种差异性也主要体现在学科内容维度。类似

---

① Cooney T. Conceptualizing teachers' ways of knowing[J]. Educational Studies in Mathematics, 1999, 38: 163-187.
② 周仕荣. 师范生数学教学信念的发展研究[D]. 华东师范大学博士学位论文, 2007: 48-70.
③ 王萍萍, 顾正刚. 数学师范生实习前后教学信念情况调查研究[J]. 中学数学月刊, 2007, 2: 1-5.
④ 王凯司. 高等师范院校师范生数学教学信念的调查研究[D]. 东北师范大学硕士学位论文, 2011, 6: 1.
⑤ 梁志平. 高师生数学认识信念的调查研究[D]. 广西师范大学硕士学位论文, 2009: 1.
⑥ 王靖之. 数学师范生数学信念的调查研究[D]. 扬州大学硕士学位论文, 2013, 1: 17-20.
⑦ 王建磐. 教师专业化与教师教育政策的选择[J]. 高等师范教育研究, 2001, 5: 1-4.

地，从整体上看，师范生的教学信念发展水平仅在孤立主义水平和幼稚的理想主义水平间徘徊，师范生的整个教学信念系统中关于教和数学本质的信念很大程度上是依赖关于学的信念。而之所以形成上述现象，或许可以从数学师范教育的课程设置窥探其缘由。

我国数学教育课程分为通识课程、专业课程（数学学科）、教师教育课程及教育实践四个方面。这与美国教师教育课程设置类型一致[①]，但在课程分配的比例方面差异较大。相比美国的数学教师职前教育课程类型及结构比例[②]，我国数学教育课程中专业课比例更高，而相应地教育类课程比例较低，当然，不同类型的教师教育院校其课程设置还有一些差异（如综合性大学、教育部直属师范大学、地方高师院校之间）。同样的专业课差异、教育类课程比例也体现在中国与新加坡数学教师职前教育课程比较上。由于受根深蒂固的传统观念和价值取向影响，职前数学教育仍然存在过于偏重学科专业、以知识学习为中心、重理论轻实践、教育课程与中学数学内容脱节等课程设置上的问题。这或许是职前和数学教师学科内容知识水平高于教学知识水平、学生数学信念高于教学信念的原因之一。

另外，当前高师院校有大部分教师采取以教师讲授为中心的教学模式，这种教学模式容易使职前数学教师处于被动、服从的学习地位，没有学习自主权，学习的自觉性和主动性得不到发挥。而大学期间形成的以教师为中心和传统主义取向的教学信念与师范生教学实习行为基本一致。培养师范生的教学专业性，大学教学团队须认识到培养师范生教授数学的复杂性，在课堂中为师范生提供多样的、质疑性和反思性的学习资源、理念及机会，使"传授—训练"模式逐渐向反思性实践模式发展，同时加强教育实习环节。这里值得注意的是，研究者在对男女生数学教学信念比较时也发现，女生的数学教学水平高于男生，且差异性显著。高师院校的教师有意识地根据性别差异，有针对性地设计课程教学内容，方能有效地发展男女生的教学信念，从而促进其教学。

我国职前数学教师准备情况尚存一些弊端，距离教师专业化水平还有很长的一段路要走，这不仅需要职前数学教师本人的努力，而且需要师资培训工作者的不懈努力，以及相关课程设置部门的统筹规划。

基于上述地方高师院校数学师范生的培养现状，我们经过多年的理论研究与实践探索，取得了一定的成果。下面章节将从研究方法开始，论述地方高师院校数学卓越教师培养模式及其取得的成果。

---

① 陈静安，杨蕾，孙苾文. 中学数学教师职前教育及课程结构比较研究[J]. 云南师范大学学报，2011，1：71-78.
② 王建磐. 教师专业化与教师教育政策的选择[J]. 高等师范教育研究，2001，5：1-4.

1.5 卓越教师研究文献综述

1.5.1 研究背景

教师教育是教育事业的工作重心之一，有高质量的教师教育，才有高水平的教师队伍，从而使得教育事业发展更迅速。促进教师专业化发展是我国教师队伍建设的方向之一，卓越教师作为教师队伍中的佼佼者，各方面素质较高，有优良的示范作用。培养卓越教师对于教师专业化发展有积极的现实意义。目前，各高校也在积极推进实施"卓越教师计划"。

2010 年 6 月，教育部联合有关部门和行业协会共同实施"卓越工程师教育培养计划"。2012 年教育部出台《关于深化教师教育改革的意见》，其中首次提出要实施卓越教师培养计划，推进教师培养模式改革，建立高等学校与地方政府、中、小学（幼儿园）联合培养教师的新机制[①]。高师院校相继申报"卓越教师培养体制改革试点项目方案"。2014 年 8 月，教育部颁布《关于实施卓越教师培养计划的意见》。2014 年 12 月，教育部办公厅公布卓越教师培养计划改革项目通知。2017 年 4 月，举办"首届全国卓越教师发展论坛"。

可见，学术界对卓越教师的关注度日趋提高，因此探究卓越教师内涵、特征等各方面研究现状在理论和实际操作中都有着十分重要的价值和意义。据初步统计，我国关于"卓越教师"的研究发表论文超过 700 篇（1998~2017 年），其中 2010 年以来发表的论文数量约占总数的 90%。从已有的文献中看，在 2010 年关于卓越教师的研究出现了一个峰值，研究主要集中在卓越教师的内涵研究、培养模式与途径研究和评价体系研究这三方面。

1.5.2 研究现状

1. 卓越教师的内涵研究

对教育研究者来说，探索卓越教师内涵有助于学者明确对卓越教师的认识，有利于对卓越教师本质的探究，实现从理论向实际转变的可能，为一线教育工作者树立前进目标，明晰发展方向，积极影响着教师队伍的专业化建设。要研究卓越教师，首先要对教师进行分类。一般说来，基于不同的维度可以得到不同的教师分类。根据从事教育事业的时间长短可以将教师分为新教师和老教师；根据教师能力不同可分为中级教师、高级教师和特级教师。国内在提到卓越教师时，通常直接用词语"卓越教师"表示；国外学者，如英国学者用 outstanding teacher 来表示，德国学者用

[①] 李贵安，王晶艳，郑海荣，等. 卓越教师：内涵、品质及其培养途径[J]. 当代教师教育，2016，(02)：42-47.

qualitätsoffensive lehrer 表示，也有用 excellent teacher 一词的。"卓越"与"优秀"不同，它不仅指业务能力上的突出，更指一种精神、一种胸怀、一种动力，它意味着永恒的追求，其高级表现形式为社会影响力的拓展与获得[①]。尽管目前已出台多项相关政策，但是对于卓越教师的界定仍较为模糊。

国内学者在各自的研究中往往基于实际需要，结合已有文献给出不同的定义，其中刘如月认为，拥有良好的职业道德素养、拥有广博的文理基础知识、拥有较强的教学技能和较好的创新意识等，并能在以后的教育教学中促进学生德智体全面发展的人，称为卓越教师[②]。周春良认为"卓越教师"就是教师队伍中的"卓越者"，是教师群体里非常优秀的老师[③]。事实上，从不同角度去定义"卓越"会得到不一样的结果，因此"卓越教师"是一个具有时代性、处于变化中的动态概念，同时也是一个相对的概念。柳海民和谢桂新认为卓越教师应当是专业精神朴实高尚、专业知识融会贯通、专业能力卓著出色的教师[④]。刘径言和郑友训认为卓越教师应当拥有卓越追求的精神，不甘于现状，超越自我，尝试创新，具有积极、明确的专业情感和态度[⑤]。林天伦等认为，卓越教师是在学科教学、学生培养和学科研究具有较深造诣，起着示范和带动作用的教师，并且他们认为卓越教师包含了骨干教师、专家型教师、教育家型教师、名师、特级教师[⑥]。毕景刚和韩颖则将卓越教师的内涵概括为师德师风高尚、教育信念坚定、文化底蕴深厚、知识结构合理、教育思想先进、教学技能娴熟、实践反思敏锐、专业发展自主创新、能力较强九个方面[⑦]。

国外的卓越教师研究主要集中在英国、美国和澳大利亚，虽然各国国情及其本身教师专业化标准不同，但各国均认为卓越教师应该是具备扎实的业务知识且在教学方面有引领作用，同时卓越教师在与他人沟通方面有突出表现，注重营造建设性、支持性的安全学习环境，充分尊重和成就学生的多样性[⑧]。

可见各国对卓越教师的理解不尽相同，在不同的层面上所关注的点不同，因此具有不同的内涵，部分国家注重专业发展，部分国家关注师生关系的建立，部分国家重视学生的多样性发展。

2. 卓越教师的培养模式与途径研究

尽管目前研究中对卓越教师内涵没有统一，但学者对于卓越教师的培养模式与

---

① 张永铃. 卓越教师及其成长研究[D]. 华东师范大学硕士学位论文，2012.
② 刘如月. 卓越教师全程化实践培养模式研究[D]. 淮北师范大学硕士学位论文，2014.
③ 周春良. 卓越教师的个性特征与成长机制研究[D]. 华东师范大学硕士学位论文，2014.
④ 柳海民，谢桂新. 质量工程框架下的卓越教师培养与课程设计[J]. 课程·教材·教法，2011，(11)：96-101.
⑤ 刘径言，郑友训. 卓越教师的专业成长特征及职前教育策略[J]. 现代中小学教育，2013，(07)：55-57.
⑥ 林天伦，沈文淮，熊建文. 卓越教师培养的实践探索[J]. 教育研究，2016，(07)：156-159.
⑦ 毕景刚，韩颖. "卓越教师"计划的背景、内涵及实施策略[J]. 教育探索，2013，(12)：108-110.
⑧ 王颖华. 卓越教师专业标准的国际比较及其启示[J]. 西北师大学报社会科学版，2014，(04)：92-99.

途径研究一直十分关注。培养卓越教师有利于提高教师队伍整体素质，加快教师专业化发展，使我国教师教育水平更上一层楼，多项政策表明卓越教师的培养是一个循序渐进、长远发展的过程。

2012年教育部发布《全面提高高等教育质量的若干意见》明确指出："实施卓越教师教育培养计划，探索中、小学特别是农村中、小学骨干教师培养模式；努力造就一支师德高尚业务精湛、结构合理、充满活力的高素质专业化教师队伍。"[1]

2014年颁布《关于实施卓越教师培养计划的意见》，其中针对卓越教师、卓越小学教师、卓越幼儿园教师、卓越中等职业学校教师和卓越特殊教育教师的培养都提出了相关建议及培养模式初步规划。在2014年12月公布的《卓越教师培养计划改革项目名单》中确定了华东师范大学"德业双修的卓越中学教师开放式养成计划"等80个卓越教师培养计划改革项目，其中华东师范大学等25所高校重点放在了卓越中学教师培养上，东北师范大学等20所高校重点培养卓越小学教师，南京师范大学等20所高校重点负责卓越幼儿园教师培养改革项目，同济大学等20所高校负责中等职业学校教师培养改革项目。而在启动实施卓越教师培养计划前，教育部教师工作司负责人也就相关工作回答了记者的提问。负责人提到此次培养计划的四个突出特点分别是坚持问题导向、反映基层创新、加强分类指导和把握国际趋势。计划明确了建立高校与地方政府、中小学"三位一体"协同培养新机制，强化招生就业环节，推动教育教学改革创新，整合优化教师教育师资队伍四个方面的主要任务。

国内学者关于卓越教师的培养研究也有许多。柳海民和谢桂新在《质量工程框架下的卓越教师培养与课程设计中》一文中，对于培养卓越教师的具体课程设计做了细致的阐述，他提出了两种模式，分别是"3+0.5+0.5"和"4+2"，以及卓越教师培养方案中的课程设计（教育通识课、专业教育课程、教师资格教育课程）等一系列详细的内容[2]。黄露和刘建银认为中小学卓越教师应具备强烈的职业动力、先进的教育理念、独特的个人魅力、灵活的教学行为、高效的学生管理[3]。李贵安等认为应考虑将观察替代学习与教学实践反思相结合，共同锻造师范生对教师职业的热爱、对学生的关怀，以及对自身的反思[4]。刘中黎指出中学卓越教师的培养可以打造为一个全方位、多功能、职前和职后培养相结合的师资培训平台，应走研究型教师、学者与专家型教师、学科特质鲜明突出的魅力型教师的培养之路[5]。杜伟和任

---

[1] 国家中长期教育改革和发展规划纲要（2010—2020年）[S]. http://www.gov.cn/jrzg/2010-07/29/content_1667143.htm[2016-7-28].

[2] 柳海民, 谢桂新. 质量工程框架下的卓越教师培养与课程设计[J]. 课程·教材·教法, 2011, (11): 96-101.

[3] 黄露, 刘建银. 中小学卓越教师专业特征及成长途径研究——基于37位中小学卓越教师传记的内容分析[J]. 中国教育学刊, 2014, 03: 99-104.

[4] 李贵安, 王晶艳, 郑海荣, 等. 卓越教师: 内涵、品质及其培养途径[J]. 当代教师教育, 2016, (02): 42-47.

[5] 刘中黎. 中学卓越教师培养与实践基地建设[J]. 教育评论, 2013, 1: 51-53.

立刚在其文章中提到将职前教育和职后教育有机结合[①]。安仲森和王欣提出了卓越教师培养模式的五个策略：第一，建立学生专业社群，提升学生从教技能；第二，强化岗前培训，加强职前教育技能训练；第三，整合教师教育课程，促进教育的规范化；第四，丰富人才培养模式，强化教学实践能力的训练；第五，加快建设卓越教师的实践教学平台，为人才培养提供扎实的保障[②]。

3. 卓越教师的评价体系研究

在已有的700余篇卓越教师相关研究文献中，有关卓越教师评价方面的研究仅约20篇，并且这20篇文献中部分是关于国外卓越教师评价标准的研究，换言之，针对我国国内卓越教师评价体系的研究并不多，更多的学者将目光集中在培养方案的研究上。

截至目前，教育部还没有制定针对卓越教师的评价体系。1993年，教育部公布了《特级教师评选规定》，确立了我国特级教师的评价标准，事实上自2003年起，香港教育局就陆续公布了《行政长官卓越教学奖教学实践卓越表现指标》的评审标准。这一指标包含专业能力、培育学生、专业精神、对社区的承担及学校发展四个范畴[③]。而后有学者以此为借鉴尝试提出我国卓越教师评价标准体系模型，标准由四部分组成：教学表现、教学成效、专业精神和社区服务。在2014年的"卓越教师培养计划"前就有学者着手进行关于卓越教师评价指标体系的研究。卓越教师评价指标体系是依据卓越教师在教学、科研和为人三个方面的特质设立的三级评价指标、五级评价等级（优甲、优乙、良甲、良乙、中）的综合性评价标准[④]。针对这些卓越教师培养项目，《关于实施卓越教师培养计划的意见》制定了如"高校结合本校实际制订卓越教师培养标准，试行卓越教师培养质量年度报告制度，准确把握并及时研究分析师范毕业生就业状况和供需情况，不断调整学校的专业设置和课程，增强培养的适应性和针对性"[⑤]等与质量评价相关的一些指导性意见，可见针对实施的培养项目是有必要且重要的[⑥]。

美国权威机构国家教师专业标准委员会（national board for professional teaching standards，NBPTS）对卓越教师的评价从以下几个方面展开：关注学生及其学习、了解学科与学科教学的知识、管理与监控学生的学习、教学实践系统中的思考与学

[①] 杜伟，任立刚. 开展卓越教师培养的探索与思考[J]. 中国高等教育，2011，Z2：72，73.

[②] 安仲森，王欣. 论卓越教师人才培养模式的实践创新[J]. 甘肃联合大学学报（社会科学版），2012，5：87-90.

[③] 左岚. 论卓越教师评价标准体系的建构——来自我国香港行政长官卓越教学奖的经验[J]. 教育理论与实践，2016，08：28-30.

[④] 王志广. 谈卓越教师评价指标体系的构建[J]. 教育理论与实践，2013，32：28-31.

[⑤] 中华人民共和国教育部. 教育部关于实施卓越教师培养计划的意见[EB/OL]. http://www.moe.cn/publicfiles/business/htmlfiles/moe/s7011/201408/174307.html[2014-09-15].

[⑥] 付淑琼. 多方协同：美国"卓越教师培养项目"的质量评价机制[J]. 教育研究，2016，(4)：146-152.

习、成为学习共同体中的成员。

1.5.3 卓越教师研究前瞻

1. 厘清卓越教师概念

自2010年后关于卓越教师的研究成果较以往有大量的增加,但是关于卓越教师的内涵,即卓越教师究竟是怎样的教师,有哪些特征品质,至今还没有一个明确、清晰的界定。部分学者在研究时将卓越教师等同于特级教师或专家型教师,或者将卓越教师和优秀教师画上等号,诸如此类由于基本内涵不清而导致的学者研究结果出现各种偏差甚至矛盾的情况,无形中为后期的研究制造了难题。卓越教师的内涵应从多方面、多角度、多层次出发进行阐述,使得其内涵更具说服力与有效性,也便于实践研究者对于卓越教师有更深刻及全面的认知。

鉴于当前对卓越教师内涵的界定倾向于从工作年限、教学荣誉的角度切入的情况,我们提出对卓越教师概念的探析应当回归其教师本质,从教学内容知识的角度进行思考。卓越教师应积累大量的教学内容知识,并且使其教学内容知识处于不断的更新中。教学内容知识不同于学科知识,它是指教师所拥有的将学科知识转化为易于学生理解的表征形式的知识[1]。在教学过程中时刻跟随当前学生发展,充实自身的教学内容知识以适应当前时代教育,教师的教学内容知识极大地影响着教师的日常教学。因此,从长远的研究来看,厘清卓越教师的内涵能帮助学者在研究过程中明确方向,具有十分重要的现实意义。

2. 制定更完善的培养模式和途径

从当前卓越教师计划实施现状来看,其过程中还存在培养标准不明确、培养方案更多关注"如何教""教得怎样",忽视了教育理论对"为什么这样教""教什么"的引领与指导,以至于造成人才培养模式相对单一和保守、教育成本增加、教师工作量增加、学生参与意识不强等问题[2]。不少学者都提到了应该将职前职后培养联合起来,卓越教师的培养应该是一个使教师终身受益的完整且可持续发展的过程。钟启泉曾说教师教育越是扎根教师的内在需求越是有效,越是扎根教师的鲜活经验越是有效,越是扎根教师的实践反思越是有效[3]。

对中小学教师的培养,可以联合高校中有关学科的教授及中小学优秀教师,对其进行联合培养、共同发展。如今的中小学教师绝大部分均为高校师范类专业毕业生,在大学阶段接受系统的师范专业课程学习与培养,毕业后进入中小学任教,而一旦将中小学教师培养与高校相关学科教授对接,形成学术团队,不仅能使一线教

---

[1] 廖元锡. PCK——使教学最有效的知识[J]. 教师教育研究, 2005, (6): 37-40.
[2] 杨晓, 崔德坤. "卓越教师"研究的现状与趋势[J]. 教学与管理, 2016, (9): 9-12.
[3] 钟启泉. 教师研修:新格局与新挑战[J]. 教育发展研究, 2013, (12): 20-25.

师的理论知识得到强化，教师在拥有实践教学经验的同时，也有更扎实的理论基础知识，自身专业素质得到全面提升，还能与其职前培养形成联系，即从整体上看，对于教师成长为卓越教师的培养从其成为师范生便开始了，避免出现师范生入职后又从零开始的尴尬局面，实现职前职后一体化培养，同时也解决了现有培养计划中未将卓越教师培养横向分层的情况（计划中将卓越教师分为中等职业学校教师、幼儿园教师、小学教师和中学教师，分别实施不同的培养方案）。

3. 构建卓越教师培养标准

目前针对卓越教师培养模式和途径的研究成果有不少，但对于卓越教师培养标准的评价系统少有成型。制定合理的培养标准和评价体系便于我们对卓越教师培养方案进行考量。身处信息化时代，我们可以借助一些信息技术手段将培养过程中的一些内容量化，将客观事实转化为数据，通过对数据的理性分析，得出科学的结论，帮助我们客观理解培养卓越教师过程中出现的各种情况，借助这样的评价进一步完善培养计划。有效的评价体系不仅是对已有计划、方案的科学评判，而且在一定程度上激励教师和师范生以卓越教师为前进方向，不断提升自我综合素质。部分国家或地区已有的相关评价体系，为我们提供了参考，但在制定具体评价体系时，要注意避免因量化而导致出现重结果轻过程的现象。对于教师的评价，也应注重其在成长过程中发生的变化。

总而言之，就目前卓越教师研究现状来看，学者分别基于理论、实践给出了不同的研究结论和启示。对于卓越教师的各方面研究也正积极展开，学术界同时给予了高度关注。在未来的研究中，我们应在已有研究基础上，对各种基础概念进行更明确的界定，也可与国外有价值的研究进行比较，汲取符合我国国情、适合我国教育理念的部分，同时寻求更多理论基础，使未来的研究能够从更丰富的维度出发，充实现有研究成果，为我国卓越教师培养提供更多的帮助。

第 2 章 研 究 设 计

地方高师院校数学卓越教师培养模式主要分为两个方向开展，一是地方高师院校数学教育课程群建设及教学改革，二是中小学数学教师课堂教学行为理论与实践研究。

2.1 地方高师院校数学教育课程群建设及教学改革的实践探索

2.1.1 问题提出

长期以来，高师院校数学师范专业教学存在着学生学习热情不高，数学课程知识内容相对陈旧、与当前教学改革现状不符，高校教学理论与实践脱节现象严重等问题。为解决上述问题，自 2000 年基础教育实施新课程以来，项目组所在高师院校以数学教育课程群建设为载体开展合作研究，积极开展教学改革实践探索。在实践中主要解决以下问题。

（1）高师院校紧贴、服务、引领基础教育新课改有所欠缺，要以专业为立足点，开展多校合作研究，改革数学师范专业的课程体系，提升数学教育人才培养质量。

（2）数学教育课程群的建设与教学资源的共享比较薄弱，要以建设一流精品资源共享课程、编写具有时代感的教材为抓手，实现高师院校教学内容、基础教育新课改与优质教学资源共享的深度融合。

（3）高师院校数学教育与中小学教育实践存在脱节现象，要建立校地联动机制，在基础教育一线建立实验基地，建设优秀视频案例库，协同育人，实现共赢。

2.1.2 研究主要内容

自 2000 年基础教育实施新课程以来，项目组以基础教育改革对高素质数学教育人才的需求为导向，以提升适应新课程改革需要的人才质量为目的，以高校优质教学资源共享为途径，构建高师数学专业"3+X"课程体系，并依托高质量课程、高水平教材、高层次项目，着力推进数学教育课程群建设及教学改革。项目组联合杭州师范大学、湖州师范学院等地方高校，多校联动，实施校地共育，开展合作研究，协同育人，为浙江省的基础教育提供了强有力的人才支撑。数学教育人才培养改革总体思路，如图 2-1 所示。

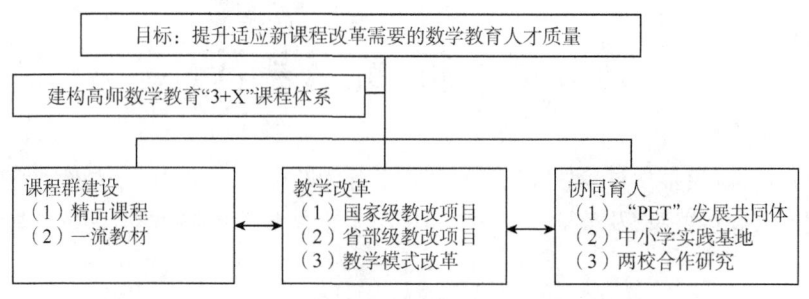

图 2-1　数学教育人才培养改革总体思路示意图

2.1.3　解决教学问题的方法

地方高师院校协同构建数学教育"3+X"课程体系，展开了一系列课程建设，在实现高校优质教学资源共享的同时，各地高师院校又结合自身学科发展背景，提高高师数学教育人才培养质量。

（1）以基础教育改革需求为导向，构建高师数学教育"3+X"课程体系。围绕学生的"专业化发展"和"可持续发展"，结合基础教育新课程标准、高校本科教学新要求和数学师范专业特点，地方高师院校协同构建了"3+X"课程体系，即数学专业基础课程、现代教育理论基础课程、数学信息技术应用基础课程，"X"为学生个性化发展课程。

（2）以数学教育课程群建设为突破口，合作开展课程群的 CTM 协作行动。地方高师院校资源共享，如杭州师范大学、湖州师范大学等都构建了以国家、省、校三级精品课程为核心的"数学教育精品课程群"；特别地，杭州师范大学实施课程（course）+教材（textbook）+慕课（mooc）协同共建（CTM 协作行动）；及时跟踪基础教育新动向，不断优化课程教学内容，出版国家级规划教材、省部级高等教育重点教材等 20 余部；主持完成 MOOC/SPOC 课程建设项目多项，为课堂教学模式改革奠定了坚实基础。

（3）以国家级、省部级教育改革项目和精品课程为载体，积极推进教学模式改革。依托教育部的本科综合改革试点专业和人文社会科学项目等，开展师范生数学能力与师范技能的协同培养；立足国家精品资源共享课程"中学数学教学设计"及配套立体化教材，构建"慕课+翻转课堂"教学模式，并推广到合作高校，共享优质教育资源；多位学生获东芝杯、全国和省师范生教学技能竞赛一、二等奖。

（4）以建立校地共育长效机制为着力点，实现学生教学能力与职业品格的共同提升。建立 PET 发展共同体，探索高校与中小学共育优质师资的新型合作模式；开展优秀案例库建设，以案例为重点开展教学，使本科生、研究生尽快具备中学数学教学能力；结合对中学优秀教师教学行为的研究，构建新的师范生技能训练评价体系，优化师范生教学技能训练模式。

与此同时，湖州师范学院建立了"接二连三"机制，要求大学数学教师、师范生进中学，推进中学数学教材、中学数学名师、用人单位进大学；实施了"双导师"制，为师范生配备校内专业指导教师和校外实践指导教师；依托中学实践基地，实现了数学师范生职业品格与职业能力的"嵌入式"培育。

温州大学数学教育专业则根据"高校教师、职前教师、职后教师"一体化的基本框架，把"温州市数学会"这一社会学术组织作为平台，以2012年"温州市数学会"换届为契机，精设机构组织成员（如会长为高校数学学院院长、秘书长为高校课程论教师，其余职位及成员中教研员及中小学优秀教师占大多数等），使得所有"三位一体"的资源共享互动等活动都能够在这个平台上自如运作，提高了师范教育的引力。

（5）数学教师与未来教师的协同发展。实施了"名师、名课"和"争高级别项目、建高层次平台、出高水平成果"的"二名三高"行动，建设了一支教学、科研"双优型"数学教师队伍；推行了教师在三年内至少"指导一个大学生科研项目、指导学生发表一篇科研论文、发表一篇教研论文"的"三个一"计划，与未来教师联动，有效耦合教学、科研、育人。

（6）数学能力与师范技能的协同培养。启动了"一班一研一赛一文"制度（数学专题学习班、学生科研立项、学科竞赛、毕业论文），举办了"数学名家、名师系列讲座"；开展了"五能三字一话"训练（课堂教学、实践活动指导、班主任工作、数学教研和现代教育技术运用能力，毛笔字、钢笔字、粉笔字和普通话），实施了"一训二赛"活动（中学数学"千道题"训练、数学竞赛和师范技能竞赛）。

2.1.4 创新点

（1）构建了"3+X"课程体系，充分体现基础教育改革的先进理念。坚持培养适应基础教育改革的高素质数学教育人才，实现《教师教育课程标准（试行）》核心内容与数学师范专业课程体系的有效耦合，以资源共享、合作实践的方式，开展高校合作，制定了充分体现基础教育改革理念的"3+X"课程体系，培养师范生忠实的职业取向和终身学习的能力。

（2）开展了"CTM协作行动"，使数学教育课程群建设能紧贴、引领基础教育。吸收前沿研究材料，积极开展课程与教材建设，并创建了丰富的教学资源；进行课堂教学模式改革与研究，指导本科生、研究生开展中外数学教材比较研究，公开发表论文20余篇，多篇论文被人大复印资料全文转载；开展网络教学平台建设，拓宽学生学习的渠道，共享优质教育资源。

（3）建立了"PET发展共同体"联动机制，为学生成长提供更为广阔的平台。

重视学生技能的培养,引入大量优秀教师的教学录像,开展教学观摩与分析;建立微格教学新的教学评价体系与方案,不断优化师范生教学技能训练模式;通过"PET发展共同体",校地共育,实现理论与实践教学的双向嵌入,打造数学师范生职业品格与职业能力"嵌入式"培育体系,实现教学建设多方共赢,如图2-2所示。

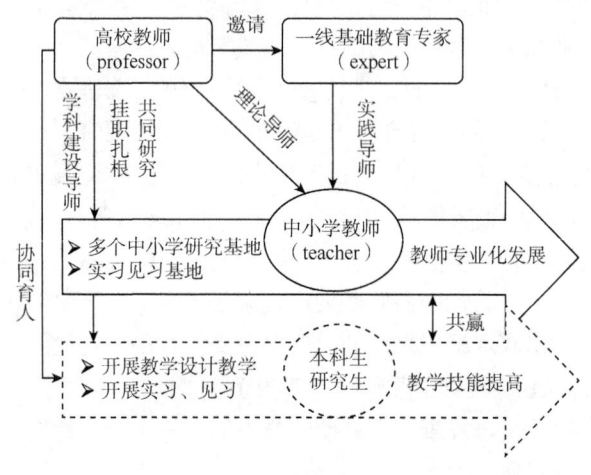

图2-2 PET发展共同体

(4)凝练了一整套融数学能力和师范技能为一体的培养方式。坚持学术性和师范性的融合共进,以创新团队和科研项目为载体,将教师的研究成果有机融入学生创新能力的培养;校地共育,实现理论与实践教学的双向嵌入,使学生在"受者"和"授者"之间不断转换角色,构建了数学师范生职业品格与职业能力"嵌入式"培育体系。

2.2 中小学数学教师课堂教学行为理论与实践研究

2.2.1 问题的提出

20世纪90年代以来,关于教师专业发展的研究已经逐渐成为教师教育研究的一个重要课题。实践表明,教师改变是一项相当艰难的系统工程。教师改变从表面改变到确实改变有三个层次:材料和活动的改变、教师行为的改变及教育信念的改变。

这三个层次的改变相互作用,彼此影响。其中教师教学行为的改变处于承上启下的地位,它能影响教学活动表现,同时这两者又是教师教育信念改变的前提。对教师课堂教学行为进行研究源自对提升课堂教学质量的追求,目前教师教学行为研究已逐渐成为研究者们关注的焦点。

1. 研究中主要解决的问题

（1）影响数学课堂教学质量的教师课堂教学行为主要有哪些？是否可以研究制定出教师课堂教学行为的研究框架？

（2）如何定性与定量相结合，有效地开展数学教师课堂行为研究，制定出数学教师课堂教学行为观察量表，有效地观察数学教师课堂教学行为？

（3）如何以教师课堂行为为载体，开展分项训练，提高中小学数学新手教师的专业素养，从而全面提升中小学课堂教学质量？

（4）如何通过在职教师课堂教学行为研究，建设优秀教师课堂教学行为视频案例库，为师范生教学技能训练提供案例支持？

2. 研究的意义

（1）寻求高校与中小学合作的有效途径，解决理论与实践融合的有效途径。

（2）构建教师课堂行为研究框架，制定数学教师课堂教学行为观察量表。

（3）构建优秀数学教师课堂教学行为视频案例库，为师范生教学技能培训提供案例，提升师范生培养质量。

（4）新教师通过课堂教学行为对比、反思，改变自身的课堂教学行为，提升课堂教学质量。

（5）为数学教育改革提供理论基础及实践案例。

2.2.2 解决问题的过程与方法

2003年以来，研究团队以教师课堂教学行为研究为抓手，与中小学、国内外高校开展了系列合作，从理论与实践两个角度对数学教师课堂教学行为进行了系统研究，切实有效地促进了中小学数学教师的专业发展。

具体问题解决过程及方法如下。

1. 开展系列研究活动

2006年以来，研究团队先后以挂职、建立名师工作室等方式先后在杭州、台州、嘉兴等地建立了十多个实践学校，并以一系列与课堂教学行为相关的课题研究（表2-1）为载体，与实践学校、国内外高校合作，开展数学教师课堂教学行为相关研究。

表 2-1　与实践学校、国内外高校合作开展课堂教学行为研究

时间	课题类型	课题名称	研究工作
2006.9	浙江省教育规划课题	课堂教学视频案例与教师行为分析的理论与实践	立项，并在杭州滨兴学校开展了相关研究
2008	国外研究项目	课堂教学行为有效性研究	与美国加利福尼亚州立大学长滩分校合作

时间	课题类型	课题名称	研究工作
2010.5	北京师范大学教育部重点课题	数学课程改革的理念与教学实施一致性研究	参与北京师范大学该项研究,并在杭州江干区选择7所初中学校作为研究对象开展研究
2011.8	教育部人文社会科学研究规划基金项目	教师课堂教学行为研究	在实践基地长期开展"听课—摄像—评课—讨论—自省—改进"为形式的系列研究活动

经过十多年的实践研究,项目组逐渐形成了 PET 研究团队。在研究中,研究团队以数学教师课堂教学行为研究为载体,以"研究改进教学,思考促进发展"为主题深入基础教育一线,建立中小学基础教育实践基地,并每周到实践学校,紧紧围绕"数学教师课堂行为"这一中心课题,以课堂教学录像分析为手段,以听课、评课、反思等教研活动为途径,以对课堂教学行为反思为切入点,围绕如何提高教师课堂教学行为开展系统研究。

经过长期的实践,研究团队逐渐形成如下明确的研究思路:以专题讲座引方向,同课异构促发展,合作研讨促思考,行动研究谋进步,反思行为促转变,轻负高质见实效,精诚合作共成长。其中,反思教学行为是十分重要的环节。

2. 实施课堂教学行为分项研究

研究团队坚持以提高课堂教学质量为中心,以教师专业发展为目的,以行动研究为途径,在实践学校围绕教师课堂教学行为分析,深入开展课堂教学行为分项研究。

第一步,研究团队分概念课、复习课、命题课、试卷讲评课,开展听、评课等教研活动,并分别制作教学视频案例;第二步,研究团队选择其中有代表性的教学视频,以"课堂观察—课堂录像—课堂文字实录分析—课堂教学行为编码—教学行为分项研究—优秀教师、新手教师教学行为个案比较—得出结论"为基本视频分析研究模式,并采用自上而下与自下而上相结合的方法,利用访谈、调查等手段,构建课堂教学行为研究框架,研究制定四类教学行为分析观察量表;第三步,组织实践学校教师结合研究制定出的四类教学行为分析观察量表对自己及同行的教学视频进行编码分析,得出客观的结论。

通过研究,实践学校数学教师从中找到自身教学行为的不足,并明确如何改进自己的课堂教学行为。实践表明,这种"量体裁衣"式的研讨活动在实践学校取得了明显的效果:教师提高了教学、科研能力,进而全面提高了数学教学质量;同时,也提高了数学教研组的教研能力、数学教师的科研能力及教学反思能力,推进了数学教师专业发展。

上述三步研究主要渗透在以下系列教研活动中。

1)"请进来",引领课堂教学行为

根据中小学数学教师课堂教学行为转变的实际需要,研究团队组织开展了"请

进来"的实践活动，如图 2-3 所示。即根据实践学校教师在教学实践中存在的困惑，结合教学名师教学行为的特点，有针对性地邀请名师来上课、开展讲座，为教师们答疑解惑，并对名师课堂教学行为进行案例研讨、分析、研究。这为中小学数学教师教学行为提供了示范，营造了专业发展的学习氛围。

图 2-3　特级教师初三复习课

2) "走出去"，拓展教师视野

为了拓展教师视野，研究团队每学期带领实践学校教师到省内名校进行考察学习。"走出去"活动帮助教师了解名校教师课堂教学行为特征，反思自己的课堂教学行为，从而提升自身的课堂教学行为能力。同时，实践学校数学教师通过这个学习平台也可与名校的教学团队探讨如何备课、如何上课、如何开展其他教学工作和合作，从而提高自身的教研能力。

3) "同课异构"对比课堂教学行为，促进专业思考

活动中，我们采用两种"同课异构"活动的方式。

一种为新教师之间"同课异构"，共同进步。研究过程中，研究团队组织五年内教龄的新手教师展示同一教学内容。课前，研究团队组织实践学校的数学教师集体备课，以帮助上课教师更好地完成教学任务；课中，组织教师根据课堂教学行为观察量表分组进行观察；课后，双方教师讨论交流，对比课堂教学行为进行研讨，如图 2-4 所示。活动表明，该项活动有效地促进了数学教师的专业成长。

另一种为新老教师"同课异构"，以便新教师更好地向老教师学习优秀的课堂教学行为，老教师也可以通过此活动，取长补短，相互学习，共同进步。例如，2012年 11 月，杭州市余杭区仓前中学有 20 年教龄的李老师与仅有 3 年教龄的王老师同上一个内容的课，如图 2-5 所示。经过研讨、反思，两位教师都受到了不同程度的

启发，研讨气氛积极、融洽，有效地促进了教师的专业发展。

图 2-4　东城中学开展课后教学行为研讨活动

(a)　　　　　　　　　　(b)

(c)

图 2-5　仓前中学同课异构及课后研讨教学行为活动

4）构建教师课堂教学行为视频案例库，促进校本教研的有效开展

实践学校教师在专业成长中，除了学习优秀教师的课堂教学行为、教学能力及成长经验以外，教师们还必须清楚地认识到自身教学行为中的不足，这样才能不断地自我反思、自我完善。在教学过程中，由于教师无法观摩自己的教学行为，为此研究团队为他们录制了较为典型的课例组建了教师课堂教学行为视频案例库，供中小学教师观看、自我反省，找出自身教学行为的不足，从而不断改进自己的课堂教学行为。

2.2.3 研究主要内容

2003 年以来，项目组针对中小学数学教师课堂教学研究领域薄弱的现状，开展了以课堂教学行为研究为载体的实践探索，取得了一定成效。

1. 构建了基于视频分析的教学行为研究框架

研究团队以课堂教学录像为载体，选择其中有代表性的教学视频，采用自上而下与自下而上相结合的方法对视频案例中的教师教学行为进行分析，同时利用访谈、调查等手段，构建如图 2-6 所示的课堂教学行为研究框架。

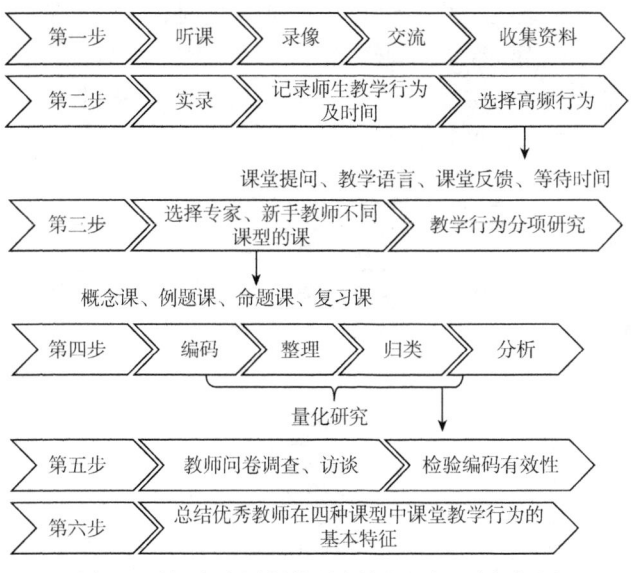

图 2-6 基于视频分析的课堂教学行为研究框架图

其中，自上而下指在研究过程中，以教师教学行为相关理论为基础拟订一个研究模型（即将教师的各种行为进行分类），然后用这个模型作为标准对照教师的教学行为，选取课堂教学中高频的教师教学行为作为研究变量，即课堂提问、教学语言、课堂反馈、等待时间，并结合相关理论及视频分析结果制定各教学行为观察量表。自下而上则指以调研、师生访谈的方式，通过对教师课堂教学行为进行个案研究，归纳总结出教师在数学课堂教学中出现的高频教学行为。

在研究过程中，根据观察量表结合教师的教学行为与学生的学习行为，深度研究新老数学教师课堂教学行为的差异，分别总结出优秀教师在概念课、例题课、命题课及复习课四种课型中课堂教学行为的基本特征，并提出提升新手教师课堂教学行为的对策。

2. 提出并系统研究了影响数学课堂教学质量的教学行为

本研究创新了课堂教学研究行为及研究方法，采用自上而下与自下而上相结合的实证研究，并采用访谈、调查等手段，研究了中小学数学教师课堂教学行为，明确提出课堂提问、语言、反馈及等待四种数学教师主要的数学课堂教学行为，并系统地进行了研究。研究弥补了仅凭直觉模糊感知课堂的不足，特别是采用了定性与定量相结合的方法研究课堂教学行为，使课堂教学行为研究更趋科学化。

3. 厘清了优秀数学教师课堂教学行为特征

通过课堂录像分析等方法，分别在实验学校选取了20位优秀教师、30位新手教师140多堂课堂教学录像，对其数学教师的课堂提问、教学语言、教学反馈、等待行为四种主要教学行为进行了分项研究。并在此基础上分别归纳出这四种教学行为的类型；通过师生访谈、结合相关理论等在三角论证的基础上，制定四种教学行为课堂观察量表（表2-2），以此提高研究结果的效度。

表2-2 四种教学行为课堂观察量表

课堂提问	教学语言	教学反馈		等待行为
管理性提问	反馈性语言	按反馈结果分类	按表现形式分类	第一等待行为[①]
识记性提问	鼓励性语言	肯定性反馈	显性反馈	第二等待行为
重复性提问	引导性语言	否定性反馈	隐性反馈	其他等待行为
提示性提问	提问性语言	注：显性反馈类型包括①口头反馈；②强口头反馈；③重复学生答案；④重复问题；⑤要求学生解释答案；⑥教师解释；⑦书面反馈；⑧要求其他学生进行语言反馈；⑨要求其他学生进行行为反馈；⑩转向他人；⑪提供信息后让学生再答；⑫转向他人；⑬反问		注：等待时间类型包括①有等待时间但小于3秒；②等待时间大于3秒；③叫学生回答问题前没有等待时间；④不采用提问后等待，而是提问前就点名要求回答问题的学生
理解性提问	陈述性语言			
评价性提问	命令性语言			
	重复性语言			
	过渡性语言			
	追问性语言			

---

① 教师在提问问题后到学生回答问题之前应有适当的等待时间，称为"第一等待时间"；学生回答问题后，教师给学生时间对答案进行重新考虑、扩展或修正的时间，称为"第二等待时间"；其他则为"其他等待时间"。

研究团队结合观察量表对新手教师和优秀教师进行个案比较研究，指出了新手教师、优秀教师这四种教学行为的差异，并分别提出了提高这四种教学行为的相应策略。

同时，研究团队利用课堂教学行为观察量表组织开展了课堂教学行为研究活动，取得了明显的效果。例如，2010年4月22日，在丽水市开展了课堂观察活动，上午对教师进行了讲座培训，下午组织教师进行课堂观察分析评课，取得了较好的效果，活动有效地推动了实验学校教师的专业发展，并引起了国内外学者的广泛关注。

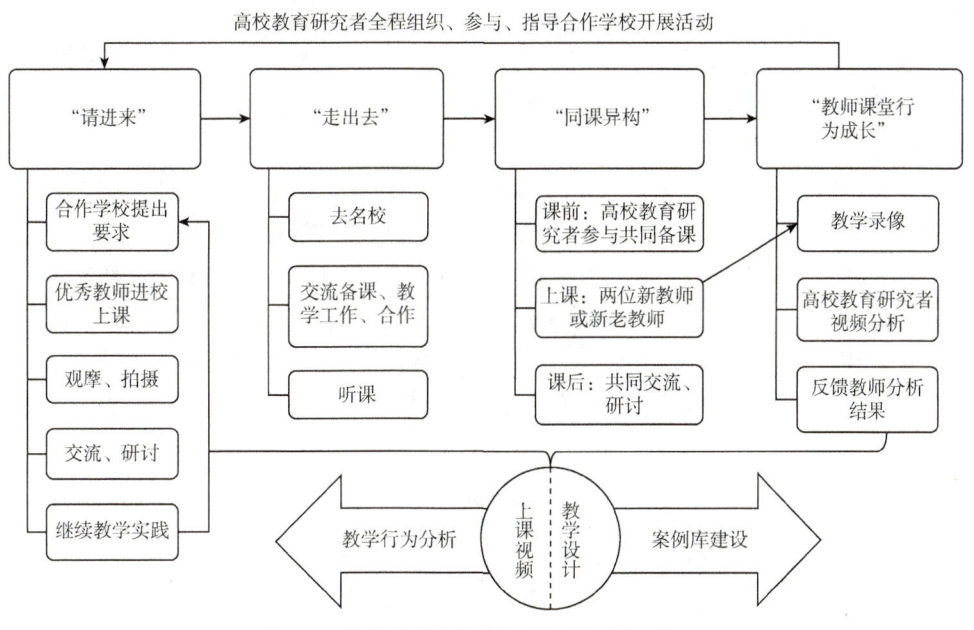

4. 构建了中小学数学教师课堂教学行为研究基本范式

2006年以来，先后在杭州、嘉兴、台州等地建立了十多个实践学校，并在国内首次分别从四个维度在实验学校开展分项训练。在研究教师课堂教学行为过程中，始终关注学生的参与度，教学质量提升明显。与此同时，通过系统研究，构建了数学教师课堂教学行为研究基本范式（图2-7），并为教学行为研究提供了视频分析材料。

图2-7 数学教师课堂教学行为研究基本范式

研究表明，实验学校教师教科研能力、教学能力明显提升，实验学校教师先后在省、市、区教科研论文比赛、课堂教学技能比赛等方面获得奖项80多项。例如，杭州市文海实验学校的汪小莲老师于2009年获得杭州市教坛新秀的荣誉称号等。

5. 提升了新手教师教学行为能力，促进了教师专业发展

通过实证研究，研究团队有计划、分专项，系统地研究了新手教师与优秀教师四个教学行为的差异，厘清了优秀教师教学行为的特征，分别从四个维度提出了提升新教师教学行为能力的策略，有效地纠正了新手教师不合理的教学行为，缩短了新手教师的成长周期。例如，仓前中学2011年9月开展研究以来，2人获得余杭区教坛新秀的荣誉称号，1人获得杭州市教坛新秀的荣誉称号，4人晋升中学高级职称，1人获得余杭区数学学科带头人的荣誉称号，数学教学质量在余杭区公办学校名列前茅。

6. 研究成果显著

基于系统的课堂教学行为研究，研究团队积极开展优秀教学案例研究，建设"中学数学教师教学视频案例库"，目前已有各类教师各种课型的视频案例200个，供一线教师学习观摩，有效地为一线教师自我反思提供了优秀的教学资源。同时也为本科生教学提供了优秀的教学视频案例，促进了师范生教学技能的提升，实现了高校、中小学合作共赢。

例如，2006年以来，在杭州市滨兴学校开展以课堂教学视频案例为抓手的教师行为分析，经过三年多的实践研究，该校的研究成果获得杭州市第六届国家基础教育课程改革优秀科研成果三等奖。

与此同时，研究团队出版专著《数学教师课堂教学行为研究》，从四个维度系统地阐述了数学教师课堂教学行为。在研究数学教师课堂教学行为基础上，先后出版了《高中数学有效教学设计与实践》《高中数学有效教学的理论与实践》2部专著，以及《数学课程与教学论》《中学数学教学设计》2部教材。其中《数学课程与教学论》于2014年入选国家级规划教材。此外，研究团队公开发表相关研究论文20多篇，为一线数学教师开展数学课堂教学行为研究提供了研究方向和研究资源，也为教师专业发展提供了研究方法和研究课题，深受广大一线教师的好评。

7. 研究成果反哺高校的教学和科研

研究团队在实践学校开展实践研究以来，高校教师的教学、科研能力明显提升。例如，主持完成如下项目：教育部人文科学规划研究项目"教师课堂教学行为研究"、教师教育科研一般项目"高校参与背景下的中小学数学教师校本教研的有效性研究"，以及教师教育国家级精品资源共享课程建设项目"中学数学教学设计"。

此外，研究团队在"中学数学教学设计"等师范类课程教学中利用优秀教师视频案例开展教学，并结合四个数学教师课堂教学行为观察量表，对师范生教学行为分项训练，取得了良好的教学效果。表2-3为近三年学生参加浙江省、全国师范生教学技能竞赛数学组获奖统计，学生获奖情况无论在数量上还是级别上都有所提高，

特别是在东芝杯中国师范大学理科师范生教学技能创新大赛中获数学组二等奖，实现了零的突破。

表 2-3　近三年学生参加省、全国师范生教学技能竞赛数学组获奖数统计

(单位：人)

数学组	2014年 二等奖	2014年 一等奖	2015年 二等奖	2015年 一等奖	2016年 二等奖	2016年 一等奖
浙江省高等学校师范生教学技能竞赛	2		2	1	1	2
全国师范生教学技能竞赛		1		1		1
东芝杯中国师范大学理科师范生教学技能创新大赛				1		

2.2.4　反思

虽然我们的实践活动取得了一些实践效果，但仍有一些问题值得我们深思。

（1）数学教师在课堂中有很多教学行为，但由于人力、物力等的限制，本书只选择了课堂提问、教学言语、教学反馈及等候时间四个行为。同时，影响教师课堂教学行为的因素很多，本书没有对影响因素进行开展研究。

（2）在研究方法上，主要进行了横向研究。而优秀教师与新手教师的纵向研究也是值得关注的，把握优秀教师成长规律，可以为教师培养提供理论依据。

第3章 专业建设实践研究

地方高师院校在积极开展优势专业建设，优化课程体系，建设数学与应用数学专业（师范）为省内优势专业的同时，不断加强相互协作，资源共享，以实现中学数学卓越教师协作培养。

3.1 杭州师范大学特色专业建设

杭州师范大学数学与应用数学专业是浙江省"十二五"优势专业建设项目，并成功申报浙江省"十三五"特色专业建设项目。为达到国家师范类专业认证要求，培养中学卓越数学教师，数学与应用数学专业建设以实施卓越教师培养计划为契机，努力开展并完善课程、教材、教学模式改革。以各课程群为单位，建设以"优秀博士—骨干教师—学科带头人—教学名师"为梯队的高素质专业化师资队伍。有效开展地方高师院校、中学协同育人，实现高师院校与基础教育有效对接。建立健全师范教育质量保障体系，努力将本专业建设成为省内领先、国内一流的具有教师教育特色的专业，保障卓越中学数学教师人才培养质量，为浙江省乃至国内输送适应基础教育改革和发展需要的卓越中学数学教师。

3.1.1 已有的学科建设水平为专业建设提供强有力的支撑

学科建设是专业建设的知识源泉和动力，本专业依托学科与依托科研平台建设水平的不断提升，为专业建设提供了强有力的支撑。专业依托学科数学于2015年获批浙江省一流（A类）学科；基础数学于2011年获批浙江省重点学科；应用密码学于2013年获批杭州市重点学科，且于2011年获批一级学科硕士点。

本专业依托科研平台陈建功高等研究院于2013年成立，夏道行任院长，陈翰馥任学术委员会主任，目前已成为浙江省数学研究和交流的主要平台之一。另外，"密码与网络安全"实验室于2013年获批为杭州市重点实验室、2014年与解放军保密局等国内院校共同组建"密码研究协同创新中心"平台。上述学科与科研平台建设水平的不断提升，为专业建设提供了良好的建设平台和后盾。

3.1.2 "十二五"优势专业建设举措及成果

1. 实行分层教学，实施"卓越教师计划"，创新人才培养新模式

实行分层教学改革，推进人才培养模式创新。经亨颐学院数学实验班从 2010 年开始，已实施两届，是杭州师范大学数学与应用数学专业培养优秀教师和未来教育家的"教改实验特区"。具体改革内容如下。

1）课程特色凸显通识教育，强化专业教育，注重教师教育

课程体系由文化涵养、学科专业底蕴、教师素养和国际视野四大模块组成。发挥学校人文艺术特色，注重专业教育与人文、艺术教育的相互渗透，开阔学生的知识视野，提升学生综合素养；注重培养学生系统掌握学科的理论、思想和方法，夯实专业功底；以国家教师教育课程标准为指针，科学设置课程，突出实践能力培养，培养学生卓越教师素养。

2）培养方式采用"双导师制""淘汰制""订单式"培养

"双导师制"是指采用理论与实践并重的导师指导制，旨在提高学生教育教学实践能力。理论导师从专业导师中选取，实践导师由中小学名师担任。"淘汰制"是指设置必要的进出标准，实施动态培养，保障培养质量。"订单式"是指设立毕业生预订制度，进行意向培养。

3）集聚校内外优质教学资源，打造"名师名课"工程

建立若干门"荣誉课程"，聘请国家级名师、学者给学生授课。建立若干门"双师课程"，由中学名师和本专业课程教学论教师共同授课。强调学生的国际视野，每个学生在学习期间都有一定的国外（包括境外）交流和学习的经历，并与美国肯恩大学教育学院合作，探索"3+2"的本硕连读培养新模式。

2. 构建"三层次""四结合"的人才培养方案

1）构建由浅入深、循序渐进的三个层次交叉融合的专业核心课程群

以"分析、代数、几何"为核心，构建夯实学生数学基础和素养的专业基础核心课程群。这三大基础核心课程群的教学成效直接关系到学生数学专业功底，具有极其重要的地位。由教学经验丰富、学术水平高的教授主讲所有基础课，同时也要注重培养和锻炼年轻的教师，为本专业的发展储备后备力量。

以"教师素质"为核心，构建提高学生教师素养的教师教育类课程群，主要包括学科教学论、初等数学研究、竞赛研究等课程。这些课程的建设将有利于提高学生的教师素养，突出本专业的师范教育特色。

以"数学建模"为核心，构建培养学生创新能力的实践创新类课程群，包括数学建模、运筹与优化、图论、科学计算等。这些课程将有利于提高学生的实践创新

能力。

2）实行课堂教学、第二课堂、科研助手和实习实践"四结合"

"课堂教学"，是实现人才培养目标和课程目标最重要的环节，要摒弃以往那种满堂灌的教学模式，采用灵活多样的课堂教学方法，强调传授知识与培养能力并重。同时，复合应用型教师教育人才还应具备较强的语言表达能力，课程教学是训练学生语言表达能力较好的平台。因此，要充分利用中学数学微格教学的方式来提高学生的综合能力。

"第二课堂"，从两方面入手，一方面，给学生开列两套专业培养的相关课外书目，一套是配合课堂教学的本专业课外学习书目，另一套是旨在提高学生教师素养的教师教育类书目，指导学生利用课余时间进行自学，培养学生自行获取知识的能力，将教学活动从课堂延伸到课堂之外；另一方面，开设"名师讲台"，邀请校外著名专家、学者来校讲学。

"科研助手"，鼓励高年级学生参与教师的科研项目，让学生深入专业知识，培养学生对专业的兴趣，提高学生驾驭知识的能力。实施大学生科研训练计划，制定学生承担较大科研工作量并取得一定科研成果的激励措施和奖励办法，促进学生积极参与教师指导下的各类科研活动。

"实习实践"，进行专业实习改革，实行教育见习、实习与研习一体化、一贯制，即从第二学年开始，每学期安排一周的时间，进入中学实践基地开展见习活动；到第四学年，进行为期12周的专业实习和4周的专业研习活动，进一步提高学生的专业实践能力。

3. 打造一支师德高尚、乐教善教的高水平师资队伍

实施"四个一"工程：建设一个师资引进和培养的平台（陈建功研究院），建立一种师资培养的新机制（教师培养二级导师制），打造一支队伍（由名师领衔，教授、优秀博士为主体的教师队伍），建成一个国家级教学创新团队（数学建模教学团队）。具体举措如下。

1）以陈建功研究院为平台，加大高水平师资引进力度

不断充实和完善现有学术梯队，改善教师队伍的职称结构、学历学源结构、知识结构和年龄结构，提高教师的内在素质，努力建成一支由名师领衔，教授、优秀博士为主体的教师队伍。

2）以课程群建设为手段，打造高水平教学创新团队

培育和打造以专业基础类（分析、代数、几何）课程群建设为主、教师教育类（课程教学论、学科教学法、数学竞赛研究等）课程群和实践创新类（数学建模、运筹与优化、科学计算等）课程群同步建设的高水平教学团队，建成数学建模国家级

教学创新团队。

3）以教师教学科研工作室为依托，提升教师的教学科研能力

鼓励教师在搞好教学的同时，积极开展科研和教学研究，以学术引领教学，以科研反哺教学。在原有教研室和研究所的基础上，建立基础数学、应用数学、概率与统计、计算数学四大教师教学科研工作室。建立由主任负责、教学科研工作室整体综合考核机制，推进团队建设，提高教师的业务素质和教学水平。

4）以"二级导师制"为培养机制，提高青年教师的业务水平

"二级导师制"可以分解为两个层次，第一层次是一种在高校里普遍实施的以老带新的教研模式，指由学科带头人作为一级导师"领衔"，对本学科的教师，尤其是对青年骨干教师进行教学、科研的全面指导、引领和把关；第二层次是一种打破班级、年级界限，跨专业的特殊教学模式，它以"学生科研小组"为组织活动单位，由具有较高业务水平和较强科研能力的骨干教师担任二级导师，从而形成了一个互动型、阶梯式、网络状的传、帮、带的教学和科研管理模式。

4. 推进课程教学模式改革，建设优质课程资源

1）以课程网络化和改革课程考核方式为"两个抓手"

建立专门的网络课堂实验室，将所有数学专业的国家级及省级精品课程汇聚成资源库，并充分利用信息技术，推进课程网络化建设，供学生课外自主学习，促进教学模式的创新，实现教学方法和教学手段的现代化。改革目前单一课程考核方式，建立多样化与标准化相统一的课程考试模式。在专业核心课程中，遵循统一命题、统一考试、统一阅卷的"三统一"原则。在专业选修课程中，实行开卷考试、问题答辩、课程小论文"三层次"的考核方式。以这种方式推动教师教学改革，利用多层次、多向性的教学互动，在学生掌握扎实专业知识的基础上，启发学生使用开放资源探讨解决问题的创新意识，引导学生自主性学习，全方位强化应用所学知识，参与实验、实践的能力训练。

2）实现基础与应用、知识与能力、经典与技术的"三个结合"

根据经济社会发展和科技进步的需要，及时更新教学内容，将新知识、新理论和新技术充实到教学内容中，为学生提供符合时代需要的课程知识和教学内容。重新梳理课程教学内容，在教学内容改革上实现"三个结合"：基础内容与综合应用相结合，教学内容的知识点与应用知识点的实践能力相结合，经典内容与技术（理论、模型、计算机）相结合。

3）以精品化、国际化、动态化、立体化为课程建设的"四个目标"

以精品优质资源共享课程建设为龙头，引领其他优质课程的建设；探索有效的教学方法和模式，提高学生的专业英语水平和直接使用英语从事科研的能力，有计

划地实施全英文授课课程建设，提高教育的国际化程度；形成课程建设动态机制，有效促进课程建设的推陈出新；以"十二五"规划教材为建设目标，编写《数论基础及其应用》等特色教材，推进教材的立体化建设。实施优质课程重点培育机制，采用分批建设、分期投入、重点推进的建设思路，重点加强专业基础课程和教师教育类课程的建设，使优质课程资源向低年级学生辐射。逐步建设好视频公开课和精品资源共享课程，不断扩大学生受益面。

5. 构建"4+2"的多元化实践教学平台，提升学生的创新能力

构建多层次的专业课程实践、学生科技活动、学科竞赛和校外实践基地四大平台，实行励志导师和学业导师"双导师制"。切实增强学生的创新意识，提高科研能力和实践能力。

1）多层次专业课程实践平台建设

主要分以下三个层次：①通过课内实验与验证型实验，加深对理论教学内容的理解；②通过综合型实验和课程设计，加强课程知识的整体理解与应用；③通过课外实践与研究型、创新型实验，建立开放式实验室，加强知识的综合应用能力，培养学生创新意识和能力。

2）学生科技活动平台

在原有的基础上，成立"大学生数学研究会"等课外学术团体，开展科技实践月活动，完善学生科研立项机制，邀请国内著名专家开展系列学术讲座等，积极开展大学生课外科技活动，搭建起广大同学广泛参与学术活动的平台，营造创新氛围。让学生参与科学研究的全过程，使学生认识、了解并进一步掌握科研工作的基本思路和工作方法，在科研氛围中体验和感悟科学研究精神，促进科研素养的养成，培养、锻炼学生的科技创新能力。

3）学科竞赛平台建设

建立全国大学生数学建模竞赛、浙江省调查统计实践竞赛、浙江省高等数学竞赛、全国大学生数学竞赛四大学科竞赛平台。通过开设多层次、多类型的系列课程，完善教学—培训—竞赛一体化机制，完善指导教师的带队机制，完善学生的激励机制，完善竞赛教学团队的师资结构，完善竞赛人才资源库等方面的建设，开创杭州师范大学数学学科竞赛的新局面，确保竞赛活动的可持续发展。

4）校外实践基地平台建设

本专业将秉承服务基础教育的宗旨，坚持与基础教育互动，推进校外实践平台建设。2008年以来，先后建立了台州市椒江区三甲中心学校、桐乡求是实验中学、杭州市文海实验学校等15个校外实践基地。学校与江干区深度合作，共建了杭州东城教育集团，为学生教学技能的训练提供了良好的实践舞台。

5）实行励志导师和学业导师"双导师制"

由校内外专业名师和杭城中学名师共同担任学生导师，实行四年一贯制，渗透于培养的全过程。"双导师制"既注重发挥导师的各自优势，又强调互相合作。对学生的成才、成长，以及专业学习、课外教育和社会实践等进行指导，从而提高学生的实践创新能力。

6. 加强教学组织管理，优化规章制度，促进教学规范

1）加强制度管理

抓好事务流程管理。编制《教学常规制度流程管理》手册，做好教学日常管理工作。

加强课堂质量管理。举行"青年教师说课比赛""青年教师教学技能比赛""优质观摩课"，教师通过这些活动不断提高课堂教学质量。

执行"教师听课制度"。要求教师之间相互听课，并通过课后教研评课，互相交流，促进课堂教学质量。

2）促进评价管理

全面修订并改革"教师教学工作业绩考核办法"，改变原有被动考评的现状，充分展开研讨，依托教师代表大会，出台"教师自评，学院审核"的考核办法，确保教学工作规范有序、教学效果良好，有效保证人才培养质量。

做好教学反馈机制。通过班干部对教师课堂教学工作情况进行记录，及时掌握每周学生对教学的反馈。召开学生、教师层面座谈会，了解教学情况，并及时沟通和解决相关问题。

实行绩效考评机制。将业绩考核与教师教学工作量、教学质量工程业绩、参与专业和学科建设、指导学生科研活动、指导学生参加学科竞赛和挑战杯比赛等关联起来，使考核成为可以量化的教师发展行动纲领，以此促进课堂教学质量的提高。

实行教学督查机制。确实抓好教育教学常规的检查督促工作，进一步加强课堂教学秩序，提高教学质量。

3.1.3 "十三五"特色专业建设目标

努力以成为教育部卓越中学数学教师计划项目，通过教育部师范类专业专业认证为目标。"十三五"专业建设以实施卓越教师培养计划为契机，努力开展并完善数学教育课程体系，建设高质量的教材，积极推进课堂教学模式改革。以教师教育核心课程群建设为抓手，建设以"优秀博士—骨干教师—学科带头人—教学名师"为梯队的高素质专业化师资队伍。有效开展地方高师院校、名师名校协同育人，构建高师院校与基础教育协同育人模式。建立健全师范教育质量保障体系，努力将本专

业建设成为教师教育与基础教育互动特色师范专业,保障卓越中学数学教师人才培养质量,为浙江省乃至全国输送适应基础教育改革和发展需要的卓越中学数学教师。

3.1.4 "十三五"特色专业建设的重要工作及举措

为实现上述建设目标,深化培养高素质的满足基础教育需求的中学数学卓越教师,在已有的上述学科建设和专业建设基础上,创建以"一制三化"(双导师制、教学分层化、素养双强化、实践全程化)为内核的培养模式,并从完善专业课程体系、推进课程建设、深化专业教学改革、健全本科专业产学研协同育人机制、引领基础教育协同育人、提升专业师资队伍素质、推进专业国际合作等方面展开专业建设。"十三五"建设目标及举措,如图3-1所示。

图3-1 "十三五"建设目标及举措

1. 推进课程建设,不断改善专业办学基础条件

1) 构建"一制三化"培养模式

在招生选拔、课程体系、实践教学、协同培养等方面进行系统设计和改革创新,构建以"一制三化"(双导师制、教学分层化、素养双强化、实践全程化)为内核的培养模式,以实现培养卓越中学数学教师,达到国家师范类专业认证的培养目标。

"一制三化"是指面向校内外遴选优秀博士和教授、一线名师作为学生励志导师和学科导师,实施个性化培养;执行招生二次选拔,开展分层教学;深化课程体系改革,强化师范生教师素养和学科素养(包括科学、人文、艺术等文化素养)的培养;结合教学模式改革,大学、地方政府和中学协同培养数学师范生教学实践能力贯通职前、职后。

2) 深化"4+X"专业课程体系建设及二次选拔招生机制

围绕培养目标,按照培养模式,深化教师教育课程结构为"4+X"课程体系。"4"为专业基础课程群、教育基础课程群、专业教师教育课程群、实践创新课程群,"X"为学生个性化发展课程。"4+X"为卓越中学数学教师培养提供保障,推进卓越教师人才培养模式改革。

实践二次选拔招生机制，组建经亨颐数学实验班，即面向学校第一批次录取的数学师范生，经过自愿报名、初审、笔试、专业面试考核，每年选拔并录取数学与应用数学（师范）专业30人组建经亨颐数学实验班。

3）不断完善国家级、省级、校级精品课程群在线资源建设

建设以国家、省、校三级精品课程为核心的"数学教育精品课程群"，完善本专业已有的在线课程建设，并带动上述课程群中核心课程开展网络资源建设。通过网络平台丰富的教学资源，为学生自主学习、自主探究提供机会，以培养学生自主学习、终身学习的能力。

4）积极开展教材建设，深化"CTM协作行动"

协同全国多所高师院校、中学校优秀数学教师，积极开展教材建设工作，精选对培养优秀教师有重要价值的课程内容、学科前沿知识、教育改革和教育研究最新成果，并将其充实到课程教材中。深化"CTM协作行动"，使数学教育课程群建设能紧贴基础教育。

5）依托仓前新校区建设，完善专业教学条件

依托仓前新校区的建设，推进基础硬件建设。提升数学综合实验室、数学建模实验室等实验室功能；建立教学技能实践场地，完善本专业实践教学管理平台，切实改善师生教学与办公环境。

2. 加大人才引进和培养力度，提升专业师资队伍素质

1）优化师资结构，建立师资培养的"轮派"机制

充分利用杭州师范大学的人才培养和引进机制，积极培育或引进国家"千人计划"、杰出青年基金获得者和省级特聘教授等高层次学科带头人，吸纳国内外一流大学的优秀博士毕业生加盟本学科，搭建相关教学科研创新平台。

加速对青年教师的培养。每年派遣一定数量的青年博士赴国内外重点研究机构和高校做访问学者或博士后研究，以提高教学科研水平。

2）加强对各课程群专业带头人的选拔培养，推进专业教师教学团队建设

加强数学专业基础类课程、基础教育类课程、专业教师教育类课程、实践创新类课程专业带头人选拔培养。推进高水平的专业"学科带头人—骨干教师—青年教师"教师教学团队建设：一方面，由课程专业带头人领衔，对本类课程群的教师，尤其是对青年骨干教师进行教学、科研的全面指导、引领和把关；另一方面，课程专业带头人推荐课程群中具有较高业务水平和较强科研能力的骨干教师针对性地指导青年教师。

3）以教师教学科研工作室为依托，提升教师的教学科研能力

鼓励教师在搞好教学的同时，积极开展科研和教学研究，以学术引领教学，以

科研反哺教学。在原有教研室和研究所的基础上，建立基础数学、应用数学、概率与统计、计算数学、数学教育五大教师教学科研工作室。建立由主任负责、教学科研工作室整体综合考核机制，推进团队建设，提高教师的业务素质和教学水平。

3. 深化教学改革，提高课堂教学的有效性

1）基于人才培育目标构建课程模块，实现内容模块化

基于人才培养的目标，形成递进的、层次性的教学结构。建构由预备知识、基础知识、综合应用知识、设计性知识、讨论性知识等组成的教学模块。优化课程内容，合理把握课程的难度和广度。

2）结合课型选择相应教学方式，提高方法有效性

贯彻"凸显数学思想，方法内容有效统一"的原则，探索有效的教与学的方法，主要包括三个方面：一是从内容的视角出发，探索概念课、原理课、方法课、应用课等不同课型的教学方法；二是探索、完善探究式、讨论式、合作式、参与式的教与学的方法；三是有效使用数学软件、网络软件、网络资源。

3）完善评价策略，探索评价多样化

为激发学生学习的积极性、主动性，培养学生的创造能力，改变一考定成绩的方式，探索并完善终结性评价（纸笔测试等）与形成性评价（课堂评价）、教师评价与自我评价、基础评价（基础知识、基本技能、基本方法）与发展评价（探究能力、创新能力、解决实际问题的能力）、静态评价（纸笔）与动态评价（网上作业）的有机结合和合理平衡的多元评价策略。

4）建设网络资源，实现资源开放化

精选各课程群中的核心课程，将其打造成"网络、开放、共享"的课程。开展核心课程在线资源建设，实现网络资源共享，构建网络作业、网络答疑、网络评价的教学环境。

4. 协同育人，改革教学模式，提高人才培养质量

1）推进在线资源建设背景下的课堂教学模式改革

选择各课程群的核心课程，于在线资源建设（即"幕课"）背景下改革教学模式，即基于网络课程及相关资源建设，在课前布置相关作业和思考题，让学生自学，完成基本作业。在课堂教学中，利用问题、案例等素材，采用师生集体研讨、学生自我展示等教学方法进行教学，提高师范生的教学质量。同时，教师和学生及时归纳总结，并让学生通过撰写反思等方式提高学生的质疑能力，增强学生的批判精神。

此外，建立信息化平台、大学与中学合作伙伴关系平台，努力搭建教师专业技能远程、实时、互动实训平台，为师范生技能训练提供实践场所。

2) 依托教科研平台,服务地方产业

充分发挥本专业教师自身在数学方面的教学科研优势,直接参与到产业建设中,为杭州乃至浙江省的产业做出理论上的支撑。依托"密码研究协同创新中心"平台和"密码与网络安全"实验室,发挥本专业应用密码学团队的自身优势,积极与行业内企业合作研究相关课题,加快研究成果转化,服务地方产业。

3) 采用校企协同、校地协同等方式协同育人

基于多层次的专业课程实践、学生科技活动、学科竞赛和校外实践基地四大平台,采用校企协同、校地协同等方式协同育人,打破传统的割裂认识和实践关系的教学模式,有效地调和课堂教学与实践活动。切实增强学生的创新意识,提高科研能力和实践能力。

5. 建立培育优质实习、实践基地,建立校地协同育人的长效机制

本专业秉承服务基础教育的宗旨,坚持与基础教育互动,推进了实习、实践平台建设。先后建立了杭州第二中学、杭州学军中学等知名中学为本专业的重点发展学校,已聘请杭州高级中学特级教师、校长尚可,杭州师范大学附属中学特级教师、校长蔡小雄,杭州学军中学特级教师、副校长冯定应等多名教师为本专业特聘教授,为数学与应用数学专业学生授课或担任校外导师。

同时,本专业先后建立了台州市椒江区三甲中心学校、桐乡求是实验中学、杭州市文海实验学校等九个实习、实践基地。学校与江干区深度合作,共建了杭州东城教育集团,为学生教学技能训练提供了良好的实践舞台。

根据专业自身特色,以建立校地共育长效机制为着力点,加强与基础教育实验基地建设,部分实践性强的课程如"中学数学教学设计""数学教学论""中学数学教学技能训练"将在基础教育实践基地上课,并由中学优秀数学教师进行授课。

6. 积极吸引国际优质生源,并努力创造条件"走出去"

1) 推进专业国际合作,建立国际交换学生培养方案

充分发动院系、教授的国际合作资源,积极扩大本专业的国际合作。建立广泛的联合人才培养关系。配合学校做好留学生派遣渠道、国际大学学分互认机制、国外大学课程及学分认证与转换办法等工作,并设立优秀学生出国奖学金。以经亨颐学院数学实验班为基础,与国外知名大学建立相关联合培养计划,推荐少部分优秀学生到国外知名大学深造。

2) 促进本专业教师国际化

积极改善本专业教师队伍的国际化程度,派遣青年教师出国深造和进修,引进更多海外学子。同时,建立海外教师资源库,从海外大学聘请一批教授和专家来校

兼职，为本科生授课。

3.1.5 专业特色

专业特色主要体现在以下三个方面，如图 3-2 所示。

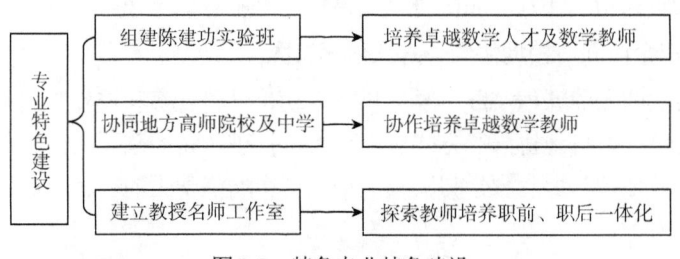

图 3-2 特色专业特色建设

1. 组建陈建功实验班，培养卓越数学人才及数学教师

以陈建功研究院为平台，以培养卓越优秀数学人才及数学教师为目的，组建陈建功实验班，将在 2017 年年底在数学专业中选拔招生，实施动态管理，切实提高培养质量。目前，培养方案已经制订完毕，并通过了专家论证。

2. 协同地方高师院校及中学开展卓越数学教师协同培养模式

以深化省高等教育教学成果一等奖为契机，以省教学改革项目为抓手，建立地方高师院校之间、地方高师院校与中学协同培养中学数学卓越教师机制。强调各主体在卓越教师职前培养过程中的分工协作机制。地方高师院校、中学协同开发课程教材、共享优秀教学资源（在线开发课程）；协同地方高师院校进行教学实践类课程教学，积极推进教学模式改革。

3. 建立教授名师工作室，开展数学教师 PET 联合培养模式

通过建立教授名师工作室，聘任全省知名特级教师为工作室实践导师，招收具备潜质的中学教师进入工作室研修，努力做出有影响力的科研成果，并开展全面的 PET 协同培养模式，实现职前、职后教师培养共赢，探索教师培养职前、职后一体化的新模式。

3.2 湖州师范学院优势专业建设[①]

湖州师范学院数学与应用数学专业创建于 1958 年，是学校最早设立的专业之一。本专业 2003 年被确定为浙江省高校首批重点建设专业，2008 年获批省内数学

---

① 本节内容由湖州师范学院唐笑敏撰写。

类唯一的国家级特色专业,2012 年被遴选为国家"教学工程"本科综合改革试点专业和"十二五"浙江省高校优势专业,2016 年入选"十三五"浙江省优势专业;已经为社会各阶层输送了数以千计的优秀人才,在社会上享有良好声誉,是浙江省基础数学教育人才培养的主要中心和基地之一。

3.2.1 学科支撑专业建设情况

基础数学学科在 1999 年和 2003 年两度获批浙江省重点扶植学科,2005 年成为浙江省重点学科(B 类),2012 年被确定为"十二五"浙江省高校重点学科。数学学科 2016 年入选"十三五"浙江省一流学科(B 类)。

本学科拥有国家"万人计划"特聘专家 1 名、教育部"长江学者"1 名、省高校特聘教授 1 名、省有突出贡献中青年专家 1 名、享受国务院特殊津贴专家 3 名、全国优秀科技工作者 1 名、省"151"人才第一层次 1 名、省"151"人才第二层次 3 名、省高校中青年学科带头人 5 名、兼职博士生导师 3 名、硕士生导师 7 名。

近五年,学科成员在国际和国内等核心期刊发表学术论文 200 余篇,其中 SCI 收录 130 余篇;主持国家自然科学基金项目 20 项、省自然科学基金杰出青年和重点项目各 1 项、省自然科学基金一般和青年项目 16 项;2009 年获浙江省科学技术一等奖 1 项,2010 年获教育部高校自然科学二等奖 1 项。

本专业秉承"将教师科研的优势转化为学生能力的优势"的理念,围绕名师、名课("二名"),依托教师的争高级别项目、建高层次平台、出高水平成果("三高"),以本科生导师制为抓手,对接大学生学术研讨班、科研项目、学科竞赛、毕业论文("一班一研一赛一文")等人才培养环节,实现"二名三高"与"一班一研一赛一文"的无缝对接,将教师的科研成果有机地融入学生的培养过程,实现"师范性"和"学术性"的深度融合,培养具有创新意识的优秀人才,呈现出学科与专业齐头并进、协同发展的良好势态。

3.2.2 专业建设基础

1. 建立人才培养模式改革实验区,构建培养面向中学的卓越数学教师新模式

2011 年,数学与应用数学专业入选学校首批人才培养模式改革实验区,积极探索人才培养新模式。实验区以培养面向中学的卓越数学教师为目的,尝试建设有特色的地方高师院校数学专业应用型人才培养模式。具体改革内容如下。

1)课程体系改革

由"通识教育+专业教育+职业教育"三大模块组成,旨在形成"成人教育、成才教育、成长教育"的教育合力。

改革现行"重理论、轻实践，重专业、轻基础，重知识、轻能力"的课程体系，建立以"厚基础、强实践、重职业、显特色"为指导思想的新课程体系。把提高学生的综合素质作为课程设置的目标，把课程体系从以知识为本转向以人的整体发展为本，把科学知识体系、能力培养体系和素质教育体系有机结合起来，实现知识、能力、素质的融合共进。

2）教育内容改革

在通识教育的基础上实施专业教育，在专业教育的基础上实施职业教育，旨在形成面向中学的卓越数学教师培养新模式。

教育内容更新要从优化学生的知识结构、培养学生的个性和创新能力、提高学生的教学能力、培育学生的职业品格等方面综合考虑，不仅要加强学生的专业知识培养，使学生具有扎实的数学基础和从教能力，还要加强对学生的思想政治教育和对学生师德修养的培养。

3）课程框架改革

融"传授知识、培养能力、提高素质"为一体，旨在形成"先基础、后专业、再特色"的课程构架体系。

调整公共课、专业基础课、专业课三者比例，按一级学科设立专业基础课，构建专业大类共同的知识和技能平台，加大实践教学比重。注意构建学生创新的知识结构，打破课程的封闭性，实现基础课程与现代媒体传输的科学文化内容的整合；注重开设创新类课程和师范特色类课程，并不断强化实践教学环节，培养学生的实践能力和创新能力。

4）教学能力培养改革

实行"校地共育"，与地方中学教育界密切合作，打破理论知识和实践工作的界线，聘任中学名师参与专业建设、学生培养，构建"嵌入式"教师职业教育课程体系。

充分利用地方基础教育的优质资源和湖州师范学院在地方基础教育的良好声誉，坚持"师范性"特质，实现从传统"师范教育"向"现代教师教育"转型，切实提高学生从事基础教育必需的技能和素质，培养优质的人民教师。

经过五年的探索与实践，实验区从人才培养模式改革的机制、核心、对象和着力点等要素出发，形成了"协同创新"的有机整体，构建了以"大学与中学的协同共育、'3+X'课程体系的协同建设、数学教师与未来教师的协同发展、数学能力与师范技能的协同培养"为核心内容的地方高师院校数学师范生"四协同"人才培养新模式，并在2014年获浙江省教学成果一等奖。

2. 不断调整和优化课程体系，实施"面向中学的卓越数学教师"人才培养方案

根据教育部《普通高等学校本科专业目录（2012 年）》和《普通高等学校本科专业设置管理规定》的要求，结合教育部高等学校教学指导委员会制定的《数学类专业本科教学质量国家标准（2015 年）》和地方高师院校的特点，探索、修改和完善数学与应用数学专业的培养方案，并借鉴"高校本科教学质量与教学改革工程"实施以来的教学改革理念、措施和经验，及时将其固化在人才培养模式和教学过程之中，以不断提高人才培养质量。

经过反复调研与论证，制定了地方高师"面向中学的卓越数学教师"人才培养方案，并在 2013 年正式实施。该方案符合认知规律和教育规律，设计较为科学合理，具有很强的针对性和可操作性，也充分体现了地方高校人才培养的特点，具体表现为以下几点。

（1）坚持专业建设必须立足于课程群建设，实行教授负责制，狠抓课程群内容的更新，建立了"3+X"课程体系。

（2）依托地方优质的基础教育资源，校地共育，构建了数学师范生职业品格与职业能力"嵌入式"培育体系。

（3）推动教师将自身科研的优势不断转化为学生能力的优势，以学生科研项目、学科竞赛、毕业论文等为抓手，提升学生的实践能力与创新意识。

（4）着力加强精品课程建设，从分析、代数、几何三条主线出发，协同推进，形成以国家、省、校三级精品课程为核心的地方高师"数学精品课程群"。

本专业的培养方案充分彰显了学校"明体达用"的人才培养特色，力求使学生具备牢固的专业知识、扎实的实践能力、强烈的创新意识、深厚的人文底蕴和广阔的国际视野。

3. 依托高水平的教学、科研团队，打造一支教学科研"双优型"的师资队伍

本专业以"分析学系列课程"省高校教学团队和"复分析"省高校创新团队为平台，建设协同创新机制，将团队打造为师资队伍的"培养单位"，以共同愿景为导向，以集体活动为纽带，以团队合作为根本，建立内在紧密、形式自由活泼的教学共同体。

（1）不断优化高水平教学科研团队。以 2 个省级教学和科研团队、3 个校级创新团队为核心，不断整合资源，凝练方向，通过内培外引，努力建设一支由名师领衔，教授、博士等高层次人才为骨干的教学队伍。

（2）以省高校特聘教授科研团队孕育高水平教学骨干。通过省高校特聘教授团队，组建一支队伍，凝聚一批专家，树立一面"教授活跃课堂、科研反哺教学、创

新提高质量"的高水平教学团队旗帜。

（3）实施青年教师导师制，由资深教授"传、帮、带"，一对一指导青年教师的教学、科研工作；利用学科与专业建设经费，鼓励教师参加教研活动和教师专业发展培训，派教师到国外知名大学和研究机构访学进修。

目前，本专业拥有省内浙江大学、浙江工业大学之外唯一的国家级教学名师 1 名、曾宪梓高师院校优秀教师一等奖获得者 1 名、省教学名师 1 名、省优秀教师 2 名、省高校优秀教师 3 名、省"育人奖"获得者 1 名、省"三育人"先进个人 1 名和省师德标兵 1 名；教授占 32%，副教授占 27%，博士占 66%，具有三个月以上出国访学经历者占 52%；青年教师获全国高校数学微课程教学设计竞赛华东赛区一等奖 1 项和二等奖 4 项。

4. 着力推进课程建设与教研教改工作，扩大专业建设受益面与影响力

结合学生发展的需求，狠抓数学专业基础课程群、现代教育理论基础课程群、数学信息技术应用基础课程群三大主干课程群的建设，并着力拓宽学生就业方向的选修课程（"X"），实行分模块、分类培养，构建了专业的"3+X"课程体系，将专业建设立足于课程建设落到实处。

努力建设并拓展教学资源，建有国家级特色专业"数学与应用数学"网站，国家、省、校级各类精品课程网站 10 个，有国家级精品课程 1 门、国家级精品资源共享课程 1 门、省精品课程 4 门，极大地实现了优质教学资源的共享，产生了广泛的辐射与示范作用，成为学校课程建设与改革的亮点之一。

利用高水平教师能够更有效地开展研究性学习课程的优势，倡导研究性教学；支持教师在教学中引入在研项目，更新充实教学内容，启发学生运用专业知识解决问题，从而拓宽学生视域，培养学生的探究意识和创新能力。借助网络技术，鼓励教师开发计算机辅助教学，使用多媒体教学手段，提高教学效率，增强直观教学效果。

紧紧围绕中学卓越教师的培养，以国家"教学工程"本科综合改革试点专业和"十二五"省高校优势专业为建设平台，积极开展教学研究与教学改革。近五年，主持国家级教育改革项目 2 项、省部级教育改革项目 8 项、省高校教学团队 1 个。迄今为止，先后出版教材 20 余部，其中主编国家级或省部级规划教材 6 部。

5. 坚持"教师教育"师范特质，不断提高学生的师范技能与创新意识

推进"师范性"与"学术性"的有效耦合，为师范生的可持续发展注入活力。一是邀请国内外的大家、名师来校访问，举办"数学名家、名师系列讲座"；二是举办"数学学科系列学术报告"，为学生开设高质量的学术前沿报告；三是举办优秀校友"我的成长成才之路"系列讲座，邀请基础教育领域的专家为本科生上课、举办讲座；四是在 772 班全体校友，特别是罗国钿先生的大力支持下，成立数学"启元"

基金，对学生的技能训练、就业进行指导。

以湖州市数学学会为平台，与地方基础教育机构紧密合作，建立"接二连三"机制（"接二"，大学教师、大学生进中学课堂；"连三"，中学教材、中学名师、用人单位进大学课堂）；利用地方优质的基础教育资源，打破理论知识和实践工作的界线，构建"嵌入式"教师职业教育体系。建立地方高师院校联动机制，积极参与杭州师范大学的"CTM 协作行动"和"PET 发展共同体"，探索培养卓越教师的新模式。

以"一班一研一文一赛"制度为抓手，培养学生的实践能力和对科学研究的热情；实施本科生导师制，实现教师对学生的帮扶，开展学习、生活、心理、职业规划和创新创业等指导；依托数学建模校级学科竞赛基地，开展数学建模、仿真实验、数据分析等实践实训，提升学生的动手能力，增强学生的创新意识；利用师范技能训练室、微格室进行校内师范技能训练；建立校外紧密型实践基地，探索拜师学教、教育见习、教育研习和教育实习四年一贯制的实践教学设计，构建"技能训练全程化"的实践教学体系。

3.2.3 当前专业建设的重要工作与举措

以"十三五"省优势专业建设项目为平台，紧紧围绕"学高为师、身正为范"，立师德，铸师魂，从"提高教师教学水平"和"提升课程建设质量"两条主线着力加强专业内涵建设，并结合人才培养的新需求，融入新的建设元素，构建全面素质能力提升的教育生态，最终形成"五协同"人才培养模式（图3-3）。在"十二五"追求"卓越"的基础上真正实现"卓越"，进入教育部"卓越教师培养计划"。

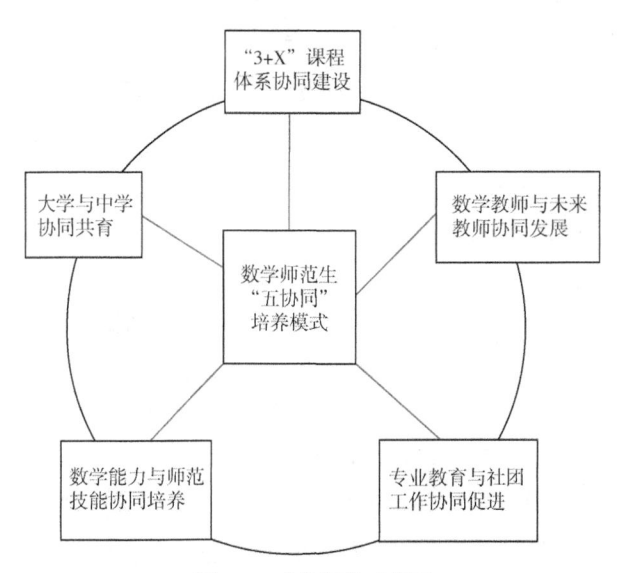

图 3-3 建设举措示意图

1. 深化教学内容改革，狠抓 "3+X" 课程体系内涵建设

坚持 "专业建设必须立足于课程群建设" 的理念，以全面提高学生综合素质和适应中学数学新课改为指向，加强数学专业基础课程群、现代教育理论基础课程群、数学信息技术应用课程群的内涵建设，着力拓宽各方向选修课程。

围绕人才培养三大基本元素 "知识、能力、素质"，落实 "基础课适当强化、专业课适当简化、选修课多样化" 的措施，不断优化课程体系；实施 "1+3" 授课计划，要求教师具备承担1门专业基础课程和3门专业课程教学任务的能力，不断提高课程建设质量；稳步推进精品课程群建设，尤其是名师在线课程资源建设，并出版与 "名课" 相配套的优秀教材；加强 "高等数学" 公共课程的建设，探索翻转课堂模式教学、开发 Mooc 课程，推动学习方法的优化与创新，扩大专业建设受益面。

2. 全面推进校地共育，构建面向中学的实践教学体系

坚持 "紧贴、服务、引领基础教育" 的理念，依托地方优质基础教育资源，打破理论知识和实践工作的界线，充分实现理论与实践的双向嵌入，进一步完善 "嵌入式" 教师职业教育体系。

不断夯实校地共育，强化 "接二连三" 机制，举办优秀校友 "我的成长成才之路"，提升学生职业素养；强化第二课堂的校内实践，稳步推进 "双导师制"，启动 "一训二赛" 活动（中学数学千道题训练、"立业杯" 中学数学竞赛、"园丁杯" 师范技能竞赛）；着力改善专业教学条件建设，建设一批先进的师范技能训练设施，成为湖州市中学数学研训的基地；进一步发挥地方高师院校联动机制的优势，深入推进 "CTM 协作行动" 和 "PET 发展共同体" 的合作，实现优质资源的共享与辐射。

3. 加强师资队伍建设，打造一流的教学科研团队

坚持 "教学与科研并重" 的理念，形成一支年龄结构合理、教学能力强、学术水平高的队伍；组建一流的教学科研团队，成为省内外同层次、同类型专业的高水平教学人才培养高地。

实施 "名师、名课" 和 "争高级别项目、建高层次平台、出高水平成果" 的 "二名三高" 计划，结合青年教师导师制，由国家级教学名师、省高校优秀教师 "传、帮、带"，指导青年教师的教学、科研和育人工作；将各级教学团队、创新团队打造成师资队伍的 "培养单位"，树立一面 "教授活跃课堂、科研反哺教学、创新提高质量" 的高水平教学团队旗帜；建立中学名师工作站，聘请优秀校友为 "启元" 特聘教授；引进数学教育学博士，选派教师到中学挂职锻炼，不断夯实 "校地共育" 的基础。

4. 依托学科与科研优势，提高学生创新创业能力

坚持 "将教师科研优势转化成教学优势" 的理念，落实学科对教学的反哺与驱

动作用，努力促进"师范性"和"学术性"的有效耦合，为学生的可持续发展注入活力。

以省一流学科和国家级、省部级科研项目为载体，将教师学术研究成果有机融入学生创新能力的培养之中。开展"三个一"计划，要求教师三年内至少"指导学生科研项目1项、指导学生发表论文1篇、发表教研论文1篇"；健全"一班一研一赛一文"制度，开拓提高学生实践能力和增强学生创新意识的新渠道；开设"创新班"，对有志于考研的学生给予全方位的指导；举办"数学学术讲坛"，营造浓厚的数学文化氛围；加强学生就业与职业规划指导，鼓励学生从事民办教育、统计分析、软件开发等创业活动。

5. 深度融合社团文化，提升学生综合素养

坚持"专业成长和全面成才并举"的理念，第一课堂和第二、第三课堂联动，结合学生社团文化建设，形成课内学好专业，课外学以致用的良性循环局面，以实现专业教育与社团工作的深度融合。

全面落实本科生导师制，开展学习、生活、心理、职业规划和创新创业等指导；以数学建模协会、逆风协会（学生创新协会）、吾爱社等社团为载体，开展丰富多样的社团活动，提升专业知识运用能力，培养社会责任感；以"超级教师"活动为依托，开展师范生技能训练活动，不断提高职业技能与职业素养；以"青春理行"沙龙为平台，开展读书会、研讨会和沙龙讲座等活动，强化学生的主体参与意识和能力；以"君子之风"建设为重点，开展感恩月、君子讲堂等活动，提升学生综合文化素养。

3.2.4 专业特色

本专业呈现了"高端汇聚、全面发展"之势，形成了多个以"国字号"为代表的叠加效应，在学校专业建设中起到了充分的引领与示范作用，居于省内外地方高校同类专业的领先地位，真正做到了"人无我有，人有我强，人强我精"。

1. 以国家级专业建设为平台，形成了地方高校数学人才培养新模式

依托省内数学类唯一的国家级特色专业、国家"本科教学工程"综合改革试点专业、省重点专业和"十二五"省优势专业，构建了以"大学与中学协同共育、'3+X'课程体系协同建设、数学教师与未来教师协同发展、数学能力与师范技能协同培养"为核心内容的地方高师院校数学师范生"四协同"人才培养新模式，获2014年省教学成果一等奖。

2. 以国家级课程建设为抓手，构建了特色鲜明的"3+X"课程体系

围绕国家级精品课程、国家级精品资源共享课程、省级精品课程、省级精品资源共享课程等名课建设，以点带面，不断更新教学内容，狠抓数学专业基础课程群、现代教育理论基础课程群、数学信息技术应用课程群的建设，并着力拓宽各方向选修课程，构建了完备的"3+X"课程体系，并形成了具有地方高师院校特色的"数学精品课程群"。

3. 以国家级人才为核心，组建了一支教学、科研"双优型"的师资队伍

以国家"万人计划"特聘专家、国家级教学名师为带头人，以长江学者、全国优秀科技工作者、享受国务院特殊津贴专家、省高校特聘教授、省有突出贡献中青年专家、省"151"第一层次和第二层次人才、省杰出青年项目获得者、省高校中青年学科带头人、省优秀教师、省高校优秀教师、省师德标兵等为骨干，建设一支师德高尚、业务精良、结构合理的教学、科研"双优型"队伍。

4. 以高层次学科平台为支撑，实现了专业与学科建设的深度融合

支撑专业发展的基础数学是"十二五"省重点学科，数学是"十三五"省一流学科（B类）。教师主持国家自然科学基金项目20余项、省自然科学基金杰出青年和重点项目各1项、省高校创新团队1个，主持获得浙江省科学技术一等奖、教育部高校科学研究优秀成果自然科学二等奖。学科建设与专业建设、学术研究与专业发展的相互促进，有效实现了专业与学科建设的深度融合。

5. 以地方高师院校联动机制为纽带，推进了卓越数学教师的培养

与杭州师范大学、绍兴文理学院等建立联动机制，充分实现优质资源的共享与辐射，以学生的"专业化发展"和"可持续发展"为主线，协同推进数学师范生职业品格与职业能力的共同提升。建立校地共育的"接二连三"机制和"双导师制"，构建面向中学的数学实践教育"嵌入式"培育体系；积极参与杭州师范大学的"CTM协作行动"和"PET发展共同体"，探索培养卓越教师的新模式。

根据武汉大学2016—2017年中国大学数学专业排行榜，本专业排名全国第62位（总458个），在全国地方"学院"级高校中排名第一，浙江省内居浙江大学与浙江师范大学之后。根据中国校友会网《2016中国大学本科专业评价报告》，本专业进入全国89强，为四星级高水平专业，与浙江大学与浙江师范大学列省内前三名。

3.3 地方高师院校数学卓越教师培养核心课程建设及教学改革实践研究

基础教育改革对高师院校数学教育高素质人才的需求日益提高。高师院校如何培养卓越的中学数学教师以适应新课程改革的需要，已经成为地方高师院校关注的热点话题。实践表明，以高校优质教学资源共享为途径，构建高师数学专业"3+X"课程体系，并依托高质量课程、高水平教材、高层次项目，着力推进数学教育课程群建设及教学改革，实施校地共育，多校联动，开展合作研究、协同育人，培养卓越中学数学教师，为基础教育提供强有力的人才支撑，显得尤为有意义。

3.3.1 当前中学数学教师培养现状

（1）当前高师院校中体现中学数学教师培养特色课程普遍减少。比如，"初等数学研究"课时减少，体现数学思想方法能力的"数学方法论""数学解题研究"等课程大部分高校学校没有开设，高师院校毕业生普遍存在着解题能力普遍较弱，数学专业素养普遍较低，从而导致高师院校紧贴、服务、引领基础教育新课改有所欠缺。

（2）高师院校毕业生数学教学技能比较薄弱，如作图不规范、数学语言不科学等。

（3）高师院校数学教育与中小学教育实践存在脱节现象，教师教学技能不高，驾驭课堂的教学能力不足。

3.3.2 核心课程建设及教学改革的意义

1. 适应当前基础教育改革，提高师范生专业水平的需要

近年来，基础教育课程改革的持续推进对高师院校人才培养质量提出了越来越高的要求。然而，反观当前高师院校师范生教育，存在着师范生培养的适应性和针对性不强、课程教学内容和教学方法相对陈旧、教育实践质量不高等突出问题。为了能主动适应基础教育改革的需要，提升师范生专业发展水平，项目组积极开展中学数学卓越教师培养核心课程建设及教学改革实践研究，这是推动学校教师教育领域综合改革的重要内容，也是目前教师培养与提升教师专业发展水平的现实需要。

2. 突破师范生教育困境，推动师范生教育改革的重要内容

随着教育改革的推进，地方高师院校教师教育培养取得了一定的成绩，但是传统的教师教育培养在许多关键环节上存在诸多需要改进的地方，如师范生培养封闭

化、教师教育课程体系传统、教育教学实践环节欠缺、教师教育队伍薄弱等问题。同时，高师院校教师教育培养又面临诸如教师教育一体化、教师职业专业化等挑战。这都表明高师院校教师教育培养模式亟待改革创新。杭州师范大学理学院数学师范生培养也存在着上述课程建设与实施类似的问题与挑战。为此，从2008年开始，项目组便根据数学与应用数学（师范）专业课程建设现状着手开展课程建设与教学模式改革。

2014年9月，教育部正式启动"卓越教师培养计划"，期望通过实施该计划深化教师教育改革的突破口和着力点，不断提高教师培养培训的质量。项目组正是在此背景下，通过开展中学数学卓越教师培养核心课程建设及教学改革实践研究，积极探索实现高师院校数学教育专业发展的新途径，以突破高师院校数学教师教育的困境。

3. 适应时代发展，促进学生有效学习的要求

一方面，在全球化的时代背景下，世界各国无不将教师专业发展与教师教育质量视为提升国家与民族教育竞争力的重要战略。从2004年开始，英国、美国、新加坡等国都颁发并实施以提高教师专业技能为目标的"卓越教师培训项目"。另一方面，在当前信息技术迅猛发展的背景下，尤其是大数据背景下，学生学习方式、信息取得方式等发生了改变，改变原有一贯的课堂教学模式，结合在线教育给学生自主学习、自主探究提供机会，以培养学生自主学习、终身学习的能力是进行教学改革的方向之一。

同时立足现实，为逐步实现卓越教师培养目标，项目组在探索卓越教师培养实践改革路径的同时，从核心课程建设及教学模式改革出发，希望能通过以点带面，带动其他课程、教师教育专业的改革与实施。

3.3.3 研究实施方案

中学数学卓越教师培养核心课程建设与教学改革实践研究是为适应基础教育改革需要，对当前地方高师院校教师教育困境的改革与创新。探讨教师教育类核心课程建设，搭建中小学与大学、大学与大学之间协同的桥梁。一定程度上缓解教育理论与教育实践脱节的现象，促进教育理论与实践研究更加深入结合。

1. 概念界定

"卓越教师"是具备高尚师德、较强的创新能力和教育教学实践能力，同时具有良好个性的、从事教育教学工作的专业人员。目前高师院校中开展的"卓越教师"培养实质上就是培养出具有"卓越教师"潜质的师范生，使其未来能成为卓越教师。

2. 研究解决的关键问题

（1）以课题为依托，地方高师院校开展资源共享、独立实践的协同合作，集思广益以提升适应基础教育课程改革需要的数学教育人才质量。

（2）根据基础教育课程改革的需要，完善地方高师院校数学卓越教师培养核心课程体系及培养方案，较为有效地解决理论与实践脱节的矛盾。

（3）根据中学数学卓越教师培养目标，调整数学教育核心课程内容，进行教材建设，加强课程内容更新，有效地解决高师课程内容陈旧及其与基础教育课程改革不相适应的矛盾。

（4）在已有国家级精品资源共享课程建设项目"中学数学教学设计"、浙江省精品课程"数学学科教学论"的基础上，加强核心课程在线课程资源建设，有效地解决课时不足与教学任务重的矛盾。

（5）以教师课堂教学行为研究为载体，以教师专业发展为目的，在基础教育一线建立实验基地，中学与高师院校在中学数学卓越教师核心课程建设与实践中协同育人，实现共赢，有效解决高师数学教育与中小学教育实践相脱离的问题。

（6）在中学数学卓越教师核心课程中积极开展"慕课+翻转课堂"教学模式改革，有效地提高学生积极性，提高教学质量；基于精品课程、精品资源共享课程开展先学后教的课堂教学模式改革，激发学生学习兴趣，培养学生提问、自主学习的能力。

3. 改革目标

（1）中学数学卓越教师培养核心课程内容的建设以《教师教育课程标准（试行）》为指导，教学理念致力于每位数学师范生的专业发展；教学以培养具有研究能力的高素质卓越教师为目标；教学内容以体现先进性、创新性、实践性和发展性为基本原则。

（2）课程资源建设体现实践性。在课程资源建设（包括建材编写、网络资源建设）中，坚持资源源自基础教育实践基地的同时，协同地方高师院校优质资源共享；在课程教学实践中，坚持与中学优秀数学教师合作，体现课程建设、实施实践性的特点，实现多方协同培养中学数学卓越教师。

（3）通过提供中学数学优秀教师参与核心课程教学开展协同培养，加强高师数学教育与中学数学教学实践的联系，让学生尽快、系统地掌握中学数学教学的方法和手段，以提高师范生的教学实践能力及问题解决能力，同时增强学生的研究意识，提高学生的研究能力。

（4）通过网络平台提供系统、丰富的教学资源，给学生自主学习、自主探究提供机会，以培养学生自主学习、终身学习的能力。

4. 具体改革内容

1）构建中学数学卓越教师培养核心课程体系

高师院校作为培养中小学教师的主阵地，其教师教育专业的课程设置合理与否，关系到中小学教师职前培养质量的好坏。根据当前教师教育类课程实践课程设置较少、理论与实践的比例失调的现状，结合卓越教师的界定，项目改革聚焦培养"卓越教师"的创新能力和教育教学实践能力及从事教育教学工作的专业能力，将培养中学数学卓越教师的核心课程聚焦在教师教育类课程，并定为如下五个课程，如图3-4 所示。

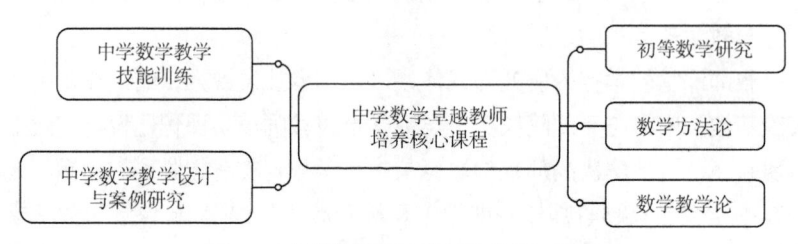

图3-4 中学数学卓越教师培养核心课程

2）开展立体化教材建设

与国内地方高师院校数学教育学者合作，积极调整中学数学卓越教师培养核心课程内容，编写适合中学数学卓越教师培养的核心课程相应的立体化教材：《初等数学研究》《数学方法论》《数学教学论》《中学数学教学技能训练》《中学数学教学设计与案例研究》。各课程教材内容以教师教育课程标准为依据，精选各门课程内容中对培养中学数学卓越教师培养有重要价值的内容，在介绍上述各课程基本内容、前沿知识、最新成果基础上，介绍其在中学数学教学中的应用。

3）构建多方协同培养中学数学卓越教师的机制

建立地方高师院校之间、高师院校与中小学校协同培养中学数学卓越教师机制。强调各协同主体在卓越教师职前培养过程中分工协作的机制。协同培养机制建设是关键。如图3-5 所示，协同主要体现在：地方高师院校、中小学协同开发课程教材；地方高师院校共享优秀教学资源（在线开发课程）、教材；中小学优秀数学教师协同高师院校进行教学实践类课程教学。

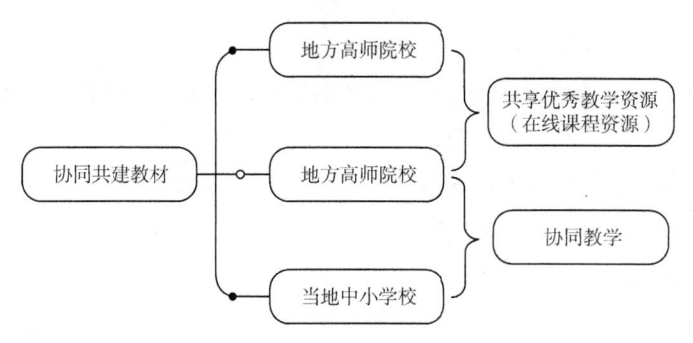

图 3-5 多方协同培养机制示意图

4）以国家级、省部级教育改革项目和精品课程为载体

依托项目组已有的教育部本科综合改革试点专业和人文社会科学项目等，开展师范生数学能力与师范技能的协同培养；立足国家级精品资源共享课程"中学数学教学设计"及配套立体化教材，构建"慕课+翻转课堂"教学模式（图 3-6），并推广到其他中学数学卓越教师培养核心课程建设及教学之中，与地方高师院校共享优质教育资源。

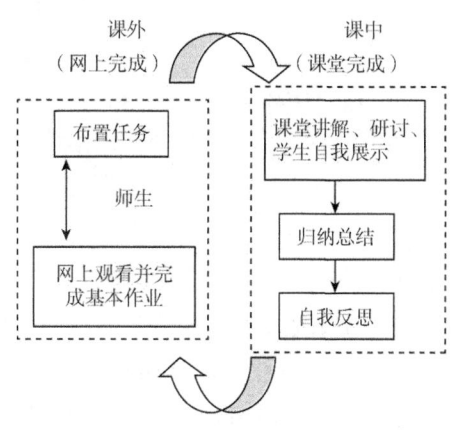

图 3-6 "慕课+翻转课堂"教学模式

5）建立校地共育长效机制

建立 PET 发展共同体，探索高校与中小学共育优质师资的新型合作模式；开展优秀案例库建设，以案例为重点开展教学，使本科生尽快具备中学数学教学能力；结合中学优秀教师教学行为的研究，构建新的师范生技能训练评价体系，优化师范生教学技能训练模式。

5. 实施方案

协同共建 CTM 协作行动为主要模式的中学数学卓越教师培养核心课程；及时跟踪基础教育新动向，建设以国家、省、校三级精品课程为中学数学卓越教师培养精品课程群；不断优化课程教学内容，为课堂教学模式改革奠定坚实基础。

1）构建核心课程体系，完善课程教材建设

针对当前学校中学数学教师教育课程较少，课程及教材内容偏理论缺实践，教材内容更新不及时的现状，在研读《教师教育课程标准（试行）》的基础上，明确核心课程——"中学数学教学设计""初等数学研究""数学方法论""数学教学论""中学数学教学技能训练"。上述五门课程中，项目组已出版过前四门课程的教材，具有一定的教材建设基础。为使教材内容更好地体现先进性、创新性、实践性和发展性，项目组协同全国多所地方高师院校、中小学校优秀数学教师重新编写上述五个核心课程的教材。

2）完善国家级、省级、校级精品课程群在线资源建设

在核心课程中，项目组已经主持建设以国家、省、校三级精品课程为核心的"数学教育精品课程群""中学数学教学设计"（国家级）、"数学教学论"（省级）、"初等数学研究"（校级）。在信息化时代背景下，学生学习方式、学习资源的获取方式发生了巨大的变化。项目组在完善已有的在线课程建设基础上，带动其他核心课程开展在线学习资源建设。课程建设资源源自基础教育实践基地，体现实践性的特点；通过网络平台丰富教学资源，为学生自主学习、自主探究提供机会，以培养学生自主学习、终身学习的能力。

3）基于在线资源建设（"慕课"）背景下的教学模式改革

在核心课程中实践基于在线资源建设（"慕课"）背景下的教学模式改革，体现先学后教的教学理念，即教师选择适合核心课程的网络课程及相关资源，在课前布置相关作业和思考题，让学生自学，完成基本作业。在课堂教学中，利用问题、案例等素材，师生集体研讨、学生自我展示等教学方法进行教学，提高师范生的教学质量。同时，教师和学生及时归纳总结，并让学生通过撰写反思等方式提高学生的质疑能力，增强学生的批判精神。

（1）采用讨论、探究式的教学方法。在课堂教学中，教师将学生分成若干小组，开展相关专题讨论；或者教师给出相应的课题内容，让学生分组准备，并开展探究式讨论。

（2）视频案例的教学方法。对于实践性较强的核心课程，以案例教学合作讨论等方式教学，采用多元化方式进行教学评价，提高核心课程教学的实效性。项目组

自 2003 年开始,在中小学建立了多个基础教育实践基地,收集了大量的优秀教师课堂教学案例,为在"中学数学教学设计""数学教学论""中学数学教学技能训练"课程教学中开展视频案例教学提供了有利条件。

(3) 建设中小学合作伙伴关系平台,改革教学场所。努力实现校内之间、校内与校外中小学课堂之间资源的实时共享用于核心课程的教学。同时,由于大学与中小学建立了实践基地,大学可以将部分实践性强的课程,如"中学数学教学设计""数学教学论""中学数学教学技能训练"放到中小学教学,这样有利于理论与实践相结合,提高教学质量,全面提高教师的质量。同时,建立信息化平台及大学与中小学合作伙伴关系平台,努力搭建教师专业技能远程、实时、互动实训平台,为师范生技能训练提供实践场所。

(4) 开展学生课题研究活动,提高师范生研究能力。开展课题指导,由学科导师和教师专业导师共同研究,公布选题,将学生纳入研究团队,实施专项指导。改革课堂教学内容,将以教师专业化为导向的教师职前培养、入职教育和职后培训融为一体,努力建设自主、开放、综合的卓越教师培养核心课程体系,并予以实施。

(5) 进行课堂教学方法改革,引导学生积极参与课堂教学活动,培养学生质疑精神、批判精神及实证精神。在核心课程教学中,改变以往"一言堂"的课堂教学,采用"读一读、议一议、练一练、辩一辩"的教学方法,激发学生的学习兴趣,使学生积极参与课堂教学活动,从而提高课堂教学效果,提高学生的能力。

(6) 通过案例教学方法,采用小组合作讨论、学生自我展示等方法,不断提高学生的参与度。在课堂教学中,教师通过设置问题、采用案例等方式组织研讨,学生合作等方式开展教学,以不断激发学生的学习兴趣。

(7) 开展习题、作业模式的改革,提高作业的效果。习题、作业对提高教学质量有着十分重要的意义,课外作业是课堂教学的延伸,从原来简单的识记型的作业改革为调查、研究型作业。

(8) 评价模式改革。对书面作业、平时课堂教学中的表现、自我展示、小组合作研讨综合打分,同时结合期末笔试成绩形成综合成绩。

3.3.4 研究特色与创新之处

(1) 针对当前地方高师院校数学教育类课程偏理论缺实践的现状,围绕中学数学卓越教师培养开展核心课程建设,建设以国家、省、校三级精品课程为核心的中学数学卓越教师培养精品课程群。

(2) 协同国内多所地方高师院校数学教育教师、中学优秀数学教师开展核心课程教材、在线教学资源建设,共享优秀教学资源。

（3）组建 PET 研究团队，建立实验基地，开展相关研究，有效解决理论与实践脱节的矛盾，实现高师院校、实验学校资源共赢。

（4）适应信息社会发展学生学习方式的变迁，结合核心课程内容，开展相应在线教学资源建设，形成完善的中学数学卓越教师培养 CTM 协作行动共建体系，鼓励学生线上、线下学习相结合。

第4章 课程建设实践探索

优化课程体系，积极推进课程建设是提高人才培养质量的直接保障，为实现地方高师院校数学卓越教师培养目标，项目组十分重视课程建设，目前已建成国家级精品资源共享课程"中学数学教学设计"，省级精品课程"数学学科教学论""初等数论"。积极开展校级MOOC课程建设，目前"数学分析""解析几何""初等数学研究"3门课程已经被列入校级MOOC建设项目。其中，"中学数学教学设计"自2015年2月在爱课程网上上线以来，注册学员已经达800多人，访问量达45 000多人次，先后被赣南师范大学、湖州师范学院、台州学院等多所学校师生共享使用，深受好评。

4.1 教师教育国家级精品资源共享课"中学数学教学设计"课程建设

《教师教育课程标准（试行）》指出，教师教育课程的目标需要从"教书匠"的训练走向"教育家"的成长，彰显当代理想教师——反思性实践家的专业属性。要让教师学会反思，学会研究。同时，还要求教师具有一定的教学实践经验，在教学中，要体现"以儿童发展为本"的理念，要具有终身学习的能力等。

4.1.1 课程定位与沿革

"中学数学教学设计"是从原来高师院校数学专业设置的"数学学科教学论"中分化而来的，其目的是改进学生学习方式和教学方式，培养创新意识，切实改变当前中学数学教师缺乏研究意识和研究能力、缺乏终身学习的能力的现状，培养具有"育人为本、实践取向、终身学习"等理念的高素质的数学教师。"中学数学教学设计"以"教师教育课程标准"为指导，目的是加强高师数学教学与中学数学教学实践的联系，增加案例教学，提升学生的研究意识和能力，以提高师范生的教学设计能力，提升他们解决问题的能力；该课程以现代数学教学理论为指导思想，让学生尽快了解数学教育基本规律，掌握中学数学教学设计的方法，提高数学教学设计能力，提升学生的教学技能和教育专业水平，以满足素质教育和教育现代化的迫切需要。

作为大多数今后从事中等学校数学教师工作的毕业生，通过该课程的学习，对其今后保证中学数学的教学质量、完善相应的知识结构、增强科学的数学教育意识将起到重要的作用。通过学习，学生能以数学教育的基本规律为指导，掌握教育科学研究的方法和研究意识，具备一定的教育科研能力。了解中学生的知识结构和认知水平，准确领会数学教育前沿的思想观点，掌握正确的数学教学方法、手段和技能，不断提高数学教学的实际运作能力和教学水平。

本课程的建设始于1978年，当时为培养合格中学数学教学师资而开设"中学数学教材教法"。1997年，作为学校指定的第三批主要课程建设项目，以出色的成果通过验收，并获得了优秀的称号。2006年，杭州师范大学从"中学数学教材教法"逐步过渡为"数学学科教学论"，从培养目标、教学内容、教学方法、教学手段等方面构建了适合数学与应用数学（师范类）学生学习的"数学学科教学论"教学体系。2009年，"数学学科教学论"被列入浙江省精品课程建设项目进行建设，2011年11月，以优秀成绩通过浙江省教育厅的验收；2012年，该课程被学校列入"国家精品课程"培育项目，2012年培养方案修订，根据实际需要，原"数学学科教学论"分为"中学数学教学设计""数学课程标准与教材分析""课堂教学技能训练"。其中，"中学数学教学设计"为专业必修课，每周2课时，共计36课时，2个学分。

4.1.2 建设目标与内容

《教师教育课程标准（试行）》提出，中学职前教师教育要让未来的教师具有教育学生的知识和能力。也就是，数学职前教师培养应该让师范生熟悉数学学科的教学内容和方法，学会联系并运用中学生生活经验和相关课程资源，具有组织实际教学活动及创设中学生学习环境的能力。课程建设以不断提升职前教师培养的教学质量，使他们成为具有先进的教学理念、终身学习能力、创新能力的研究型教师为建设目标。

通过对"中学数学教学设计"课程的内容体系、教学方法的研究，编写适合中学数学教学特点的《中学数学教学设计》教材，解决当前"中学数学教学设计"课程内容陈旧、方法落后，脱离中学数学教学实际的问题，提高学生整体把握中学数学教材的能力。在课程建设中，将不断完善"中学数学教学设计"的教学内容，出版符合《教师教育课程标准（试行）》理念，以及中学数学教学实际需要的教材1部及教学辅导书1部。

通过对"中学数学教学设计"课程与现代教育技术整合教学的研究，实现在"中学数学教学设计"课程教学中充分运用多媒体技术和网络技术，培养高师本科生从事中学数学教学的能力，为今后从事中学数学教学研究奠定良好的基础。

通过对"中学数学教学设计"各部分内容与现代教育技术运用结合的研究，编辑适合教学内容特点的教学软件，为本科生未来从事中学数学教学提供切实可行的教学手段和具备从事教学改革的有效途径。

进行网络资源建设，完成基本网络资源，实现资源共享；不断地丰富网络资源，为学生提供自主学习的资源。不断拓展课程教学资源：建设中学数学教学设计优秀案例库、中学数学优秀教师课堂教学录像库、职前学生教学设计案例库、职前学生课堂教学录像库等。

4.1.3 课程建设基础

1. 优秀教师教学录像案例库

2003 年以来，项目组在浙江省建立桐乡求是实验学校、杭州文海中学等 10 多所实验学校，已经搜集、拍摄录像 100 多节课。

2. 优秀中学教学设计案例

项目组已经开始在中学搜集中学特级教师的优秀教学设计、省级以上优质课评比教学设计，目前已经搜集了 50 多个特级教师的优秀教学设计。

3. 中学数学核心内容教学专题讲座

专题讲座内容包括初中代数的核心概念与思想方法、初中几何的核心概念与思想方法、初中统计的核心概念与思想方法、高中代数的核心概念与思想方法、高中几何的核心概念与思想方法、高中统计的核心概念与思想方法。

2009 年，项目组成员参与全国教师研修网"PCK 远程培训精品课程（初中数学）项目"的教学讲座，已经拍摄相关专题录像。

4. 中学数学有效课堂教学专题

中学数学有效课堂教学专题主要内容包括数学教师课堂教学行为，有效的课堂观察、有效学生学习行为。2003 年以来，项目组长期在中学教学数学课堂进行观察，并发表论文 20 多篇，为中学数学教师做过 20 多场专题讲座，并有相关讲座录像。

5. 数学教育研究方法与论文写作专题

项目组已经出版《中学数学课题研究与论文写作》（浙江大学出版社，2007 年）。

4.1.4 课程建设总体步骤

"中学数学教学设计"是培养师范生教学技能，促进数学教师专业化的重要课程。为使学生适应未来中学数学教学的需要，计划今后 1~2 年内在全国范围通过问卷调查的方式，调查高师院校"中学数学教学设计"课程教材内容体系改革的最新情况，结合基础数学教学的实际，建立起以"中学数学教学设计""中学数学课堂教学技能训练"为主修内容，以"数学史""数学方法论""初等数学研究""国内外中学数学教材分析比较""初等数学教学现代化教学手段运用"等为辅修内容的数学教育整体化课程体系，课程教学使学生缩短适应基础数学教育教学的周期，尽快进入中学数学教学的角色。

4.1.5　建设内容及具体步骤

（1）课程改革方案在全国范围内高师院校广泛征求意见，特别是听取在中学数学教学第一线的教学专家的意见，综合各方面建议，不断调整课程内容、方法和教学手段。

（2）制定改革实施方案，不断完善"中学数学教学设计"课程内容体系。

（3）确定所需的教学软件和进行教学的手段和方法，实现现代教育技术与中学数学教学设计的整合，为中学数学教学实现现代化提供有利条件。

（4）经过一个学期的实验，通过对学生问卷调查，对教学效果进行综合评价，进一步完善教学方法和教学实施方案。

（5）继续实施经过修改后的教学方法和教学方案。

（6）全面总结改革经验，将原有的讲义编写成适合高师院校数学与应用数学专业（师范类）本科生学习的《中学数学教学设计》教材及相应的教学辅导教材，并制作与新的必修课教材相配套的，能用于远程教育的课件，搜集相关资料，并积极创造条件不断完善和扩展教学资源。

（7）有计划、有步骤地建立基础教育实验基地，为"中学数学教学设计"的见习、实习基地创造条件。

（8）不断完善"中学数学教学设计"考核方式，增加学生教师基本技能考核力度，以提高毕业生的教学技能。

4.1.6　课程创新点

1. 课程体现《教师教育课程标准（试行）》要求，体现新的教学理念

按照《教师教育课程标准（试行）》的要求，培养师范生具备实践取向和终身学习的能力要求，该课程采用案例教学的方式开展教学，使学生尽快具备中学数学教学设计的能力；以问题解决的方式，启发、引导学生思考，体现研究的特点，培养学生研究能力和研究意识。通过在教学实践基地搜集教学案例，形成具有实践性、操作性的案例资源库是本项目的重要建设内容。

2. 课程内容具有先进性、创新性、实践性和发展性的特点

课程教学内容注重数学教学改革的前沿，把数学教学改革的学科前沿知识、教育改革和数学教育研究最新成果充实到中学数学设计的教学内容中,把优秀中学数学教学设计、课堂教学录像的案例融入教学内容中。

3. 教学方法体现学生的自主性和课程的实践性的特点

课程组教师在以"学生为主体"的教育观念引领下,注重培养学生自主学习的能力,帮助他们学会思考、善于思考、敢于争论;重视学生技能的培养,采用视频案例进行课堂教学,引入大量优秀教师的教学录像,为学生提供教学范例,开展教学观摩与分析;建立微格教学的教学评价体系与方案,开展师范生教学技能分项训练,取得良好的教学效果。

4. 教学资源具有丰富性、拓展性的特点

教学资源包含丰富的信息量,体现当前数学教学改革最新的研究成果。教学案例具有本土性、多样性的特点。

4.1.7 课程资源特色

根据《国家教师课程标准》的精神,我们将原来的"数学学科教学论"分为"中学数学教学设计"和"数学课程标准和教材分析"两门课程。"中学数学教学设计"以"数学学科教学论"的资源为依托,并逐渐创建自己的特色。"数学学科教学论"于 2009 年被列入浙江省精品课程建设项目,通过三年建设已经取得较大的进展,2011 年 11 月,在浙江省精品课程建设项目验收中获得优秀的成绩。通过多年的发展,已经形成自己的特色:资源体现共享性、开放性等特色。因此,本项目的课程资源有以下特色。

1. 体现《教师教育课程标准(试行)》要求及新的教学理念

按照《教师教育课程标准(试行)》的要求,培养师范生具备实践取向和终身学习的能力,课程资源采用案例教学的方式开展教学,使学生尽快具备中学数学教学设计的能力;以问题解决的方式,启发、引导学生思考,体现研究的特点,培养学生研究能力和研究意识。通过在教学实践基地搜集教学案例,形成具有实践性、操作性的案例资源库是本项目的重要建设内容。

2. 具有先进性、创新性、实践性和发展的特点

课程资源注重数学教学改革的前沿,把数学教学改革的学科前沿知识、教育改革和数学教育研究最新成果充实到中学数学设计的教学内容中,把优秀中学数学教学设计、课堂教学录像的案例融入教学内容中。

3. 具有丰富性、拓展性的特点,体现课程"终身学习"的目的

教学资源包含丰富的信息量,体现当前数学教学改革最新的研究成果。教学案

例又具有本土性、多样性的特点。

（1）扩大教学资源的覆盖面。针对当前课时少、教学内容难以完成、学生上网频繁、信息使用率高的特点，项目组将对以"中学数学教学设计"为中心的网络资源进行建设，包括"中学数学教学设计"的电子教材、课件、教学信息、教师技能训练材料及数学竞赛、数学解题和论文写作等资源，努力实现网络资源的开放性、共享性。

（2）增强教学资源的互动性。教学平台建设的及时性、有效性，相应地可以带动师生之间开展教学互动。学生可以利用资源充分进行自主学习、递交作业、网上互动交流等；如"数学学科教学论"网站因有大量资源对外开放，因此吸引了高师院校教学法教师和广大中小学数学教师的广泛参与，相应地为学生提供了与实践者沟通、交流的机会。在网络平台互动中，了解当前数学教育的现状和发展趋势，为现在的学习和今后的教学生涯提供必要的心理和知识准备。

4. 采用问题解决的教学模式，运用案例教学的方法

项目组在课程建设中搜集了大量的教学案例，为学生提供范例；同时，项目组将研究学情、研究教材、研究教学方法等问题串在一起开展教学，不断增强学生的研究意识、提高学生的研究能力，培养学生终身学习的能力。

4.2 国家级精品资源共享课"复变函数"课程建设[1]

自 2011 年起，教育部启动了"国家级精品资源共享课建设"工作。这是教育部继"国家精品课程"之后推动高校教学改革、提高教学质量的新举措，其目的是"引领教学内容和教学方法改革，推动高等学校优质课程教学资源通过现代信息技术手段共建共享，提高人才培养质量，服务学习型社会建设"[2]。作为国家精品课程的升级版，精品资源共享课必然要求在精品课程"五个一流"的基础上，进行资源升级与影响力升级，实现由为本科教学服务向为社会共享服务的转型。湖州师范学院"复变函数"2008 年被评为国家级精品课程，2013 年转型升级为国家级精品资源共享课。几年来，课程组在教学理念、教学体系、教学方法等方面积极开展研究，取得了较好的成效[3,4,5]。本书仅就精品资源共享课建设中课程团队的构建、教学内容的优化、课程特色的凝练与网络资源的开发四方面谈谈做法和体会。

---

[1] 本节内容由湖州师范学院唐笑敏撰写。
[2] 教育部. 精品资源共享课建设工作实施办法[Z]. 2012.
[3] 刘太顺，唐笑敏. 边界型 Schwarz 引理[J]. 大学数学，2009，25（4）：177-179.
[4] 刘太顺，唐笑敏. Schwarz-Christoffel 公式的一个新的简洁证明[J]. 高等数学研究，2010，13（1）：67、68.
[5] 唐笑敏，刘太顺，胡璋剑. 高师院校复变函数课程教学改革的探索[J]. 大学数学，2011，27（1）：12-15.

4.2.1 坚持教学与科研并重，组建"双优型"课程团队

团队是课程建设的前提，是衡量和评估课程建设的重要尺度和标准。张尧学院士在谈到课程队伍建设时说："精品课程的主讲教师一定是授课经验丰富，且从事过科研活动的教授。"课程组坚持"教学与科研并重"的理念，力求打造一支教学能力强、学术水平高的团队。在建设过程中，重点做好以下工作：一是加强名师建设。名师是精品课程的形象代表，精品课程必然要求有名师。二是优化队伍结构。合理的队伍结构是精品课程可持续发展的重要保证。三是积极开展教研活动。教研活动是提高教师教学水平，将先进的教学理念、方法融入课堂的有效手段。四是注重学术研究。教师的科研水平是保证课程教学内容先进性的关键所在，也是培养学生创新意识的前提。

目前，课程团队有 10 人，其中教授 7 人、副教授 1 人、讲师 2 人。团队中有 8 人具有博士学位，并具有在国外学习或工作的经历，平均年龄 44 岁；拥有国家教学名师 1 名、全国曾宪梓高师院校优秀教师一等奖获得者 1 名、享受国务院特殊津贴专家 3 名、省高校特聘教授 1 名、省有突出贡献中青年专家 1 名、省优秀教师 2 名、省中青年学科带头人 3 名。团队成员先后主持国家级教研项目 3 项和科研项目 16 项、省部级教研项目 3 项和科研项目 18 项；发表教研论文 20 余篇，出版教改专著 1 部；获教育部高等学校自然科学二等奖、省科学技术一等奖和省教学成果一等奖等。总体而言，团队的职称、学缘、年龄均合理，充分发挥了"1+1>2"的功效，形成了老、中、青教师均能承担课程主讲任务的良好局面，有力地推进了课程建设的可持续发展。

4.2.2 坚持授课而非授书，着力优化教学内容

教学内容是课程建设的核心。教学内容和课程体系涉及高等教育人才培养的模式，决定了高等学校人才培养的规格，很大程度上决定了人才培养的质量和水平[1]。因此，教学内容质量的高低对精品资源共享课的建设起着至关重要的作用，是打造精品的先导。

复变函数理论自 19 世纪的三位杰出数学家 Cauchy、Weierstrass 和 Riemann 奠定以来，已有一百多年的历史，是一门相当成熟的学科。目前，复变函数是数学专业的核心课程，以理论教学为主。教学内容既要包含本学科的经典知识，又要反映本学科的现代科技成果。这些要求均体现在由史济怀、刘太顺编写的《复变函数》教材之中[2]。该教材在不触动复变函数理论核心内容的前提下，对现行课程的教学

---

[1] 周远清. 精品课程教材建设是教学改革和教学创新的重大举措[J]. 中国高教研究, 2003, 1: 12、13.
[2] 史济怀, 刘太顺. 复变函数[M]. 合肥: 中国科学技术大学出版社, 1998.

内容与体系进行了改革，为学生打开了一个通向现代数学的"窗口"。譬如，利用非齐次 Cauchy-Riemann 方程的可解性来处理许多经典定理的证明，使得证明更加简洁和优美，也更易于与现代复分析建立联系；采用一些新的方法来简化过去难以处理的问题，如给出了 Schwarz-Christoffel 定理、边界对应定理的简洁证明等，给学生以更多的启发。

数学教学要提倡有灵魂的教学，也就是要有自己的思想和理念。课程组坚持"授课而非授书"的理念，要求教师树立讲授一门课程，而非一本教材的思想。在教学中，要求教师做到四个结合：一是理论教学与实际应用相结合，从问题的背景出发，阐述数学概念的来源，突出知识的应用性，使学生体会到复变函数不仅仅是纯理论的，而是具有应用价值的，以培养学生对现代科技的兴趣；二是经典内容与现代数学相结合，从数学研究的高度，将学科前沿知识融入课堂教学，以现代的观点讲解经典的内容，培养学生的科研能力和解决问题的科学方法；三是个别与整体相结合，加强复变函数与其他课程之间的联系，从更高的角度组织教学，强调系统性，让学生不再孤立地看待某门课程，使他们对数学的理解更为深刻和全面；四是知识教育与数学文化相结合，寓育人于教学之中，进行科学品质教育，涉猎科学家、巨匠们的生平、业绩和对以往传统的突破与创新，将教学内容变得"鲜活"，让学生感受到数学的无穷魅力。

4.2.3　坚持立足校本、凝练特色，建设高师院校特色课程

课程特色是一门课程的灵魂，代表着一个学校课程建设的层次和水平。因此，课程应立足于高校人才培养的实际，根据学校的定位、学科的内容、授者的水平、受者的资质之异来合理规划和建设，形成千课千面、各具特色的局面，实现精品课程的校本化。

公认的"精品"必然有其独到之处。课程特色反映着某学科专业在长期办学和课程建设中积淀而成的独特风格，它源于创新，因而创新是精品课程生命力之所在，只有创新才有可能建设成榜样示范性课程[①]。因此，除了"精品"共性的方面，课程建设必然要走特色之路。课程组坚持"立足校本，彰显特色"的理念，力求建设具有高师院校特色的数学精品资源共享课。经过多年建设，本课程逐渐形成了以下鲜明的特色：一是以"将教师科研的优势转化为学生能力的优势"为目的，服务于学生创新能力的培养。结合教师高水平的科研项目，将研究成果融入学生培养之中，对接学生科研项目、学科竞赛、现代复分析公选课等，真正实现科研与教学的互动、教师与学生的互动。六年来，课程组先后指导大学生科研项目 40 余项，指导学生公开发表论文 30 余篇，指导学生参加全国大学生数学建模竞赛、全国大学生数学竞赛、

---

① 赵婉莹. 提高高校精品课程建设质量的思考[J]. 教育发展研究，2007，9B：81-83.

省高等数学竞赛等获省级一等奖及以上30余项。二是以"继承、发展、创新"为目的，服务于提高学生的数学素养。编写与现代数学更为接近的教材，结合现代教育理念，以现代的观点讲解经典的内容，改革旧的复变函数知识构架，站在更高的角度组织教学活动，开展研究性教学，培养学生的学习兴趣。三是以"彰显数学魅力，提高学生素质"为目的，服务于学生的素质教育。立足复分析领域，开设"数学名师讲座"，定期邀请国内外著名学者进课堂为学生作学术报告或开展课堂教学，使其感受名师风范，拓宽学生视野。六年来，课程组先后邀请杨乐院士、陈翰馥院士、石钟慈院士、周向宇院士，以及刘克峰、C.C.Yang、史济怀、李尚志、顾沛、马知恩、林正炎、林亚南、乐经良、杨启帆和黄廷祝等60多位数学名师为学生作报告。

4.2.4　坚持以点带面、力求共享，不断完善网络资源

精品资源共享课建设的主要目的就是提供优质的教育资源，使更多的人可以使用共享的资源，服务学习型社会。"优质+共享"是资源建设的灵魂，是提高资源可利用率的关键[①]。在数学课程的学时不断被压缩、课时和教学内容产生极大矛盾的情况下，建设、共享优质的课程资源就显得尤为重要和迫切，必将全面提升知识的生动性和学生学习的主动性，也必将为社会大众了解和学习相关内容打开一扇大门。

在网络资源的建设中，项目组坚持"以点带面、力求共享"的理念，除了大众化的"骨骼"外，更强调构建个性化的"血肉"，以充分体现课程的特点：一是建设高质量的基本资源，体现课程的精品化。提供教学录像、课程讲稿、多媒体课件、题库等131份。这其中既有国家教学名师的全程授录像和多媒体课件，可直接用于课程教学与学习；又有各种课程内容的素材，教师可以结合自己的教学风格修改、编辑和使用。笔者认为，复变函数课程的教学要以课堂讲授为主，提高教学质量的关键还是在于教师的水平和能力；而课程的基本资源实现了课堂教学的课后延伸，为学生提供了更为宽广的学习空间。这样，只有两者的有机结合，才能实现建立最优教学模式、达到掌握课程知识的目的。二是建设全方位的拓展资源，体现课程的立体化。提供数学名师讲座录像、素材资源库、案例库、课程信息栏、教学研究栏、学术动态栏和在线交流等92份，并不断更新，使课程建设持续呈现新亮点。例如，设立课程信息栏，让学生积极参与教学过程，成为课程的"主人"；开辟学术动态栏，使学生了解课程所在研究领域最新的动态，拓宽学生的学术视野；举办数学名师讲座，邀请国内外数学家为学生作报告，并将摄像上传到网站，让更多学生受益；开通在线交流，建立一个答疑解惑、交流互动的个性化学习论坛等。

经过多年的努力，复变函数精品资源共享课的建设取得了较好的成效，发挥了一定的示范和辐射作用。在2009年浙江省精品课程检查交流会上，本课程以全省第

---

① 吴宁，冯博琴. 对国家精品课程转型升级与资源共享建设的认识与实践[J]. 中国大学教学，2012，11：6-9.

一名的成绩专门介绍建设经验；课程的网络资源"数学名师讲座"录像点击观看达上万人次，在师生中引起广泛影响，有效融合了人文素养教育和科学精神教育。当然，课程建设是一项凝聚了集体智慧和力量的工作，还需要我们以扎实的做事态度去建设，还需要我们不断地探索与创新。

4.3 浙江省精品课程"数学学科教学论"建设

"数学学科教学论"是在原"中学数学教材教法"基础上发展形成的一门具有明显的师范特色的数学教育专业的特色课程，主要研究在中学教育系统中数学教学的目的、内容，以及数学教学的规律、方式、方法和手段的一门学科。主要是学习数学教学法的基础知识、基本理论和教学基本技能，为教育实习和毕业后从事中学数学教学工作，以及开展数学教育科学研究做好必要的准备。它是一门理论性、实践性很强的多边缘、综合性的学科，也是一门发展的学科，具有很强的师范特色。

1997年，作为学校指定的第三批主要建设课程，以出色的成果通过验收，并获得了优秀的称号。接着，在杭州师范大学理学院、学校课程建设领导小组的指导下，经过几年的努力，在原先的基础上，不断充实和提高，主要完成了以下几项工作。

4.3.1 课程培养目标及重难点

高师院校数学专业设置的"数学学科教学论"重点学习数学教育的基本规律、要求和方法，扩大视野，了解数学教育的最新动态，拓宽知识领域，提高数学教育专业水平及更新教育观念、密切联系教学实际等，以适应加强素质教育和教育现代化的迫切需要。

作为大多数今后要从事中学数学教师工作的毕业生，通过本课程的学习，对其今后保证中学数学的教学质量，完善相应的知识结构，增强科学的数学教育意识将起到重要的作用，对他们今后的教学工作无疑会产生积极的意义。要求掌握数学教育的基本规律和基本方法，整理、完善数学教育心理的知识结构；全面吸收数学教育前沿的思想观点，更新数学教育观念；学习数学教学方法、手段和技能；提高数学教学的实际运作能力和教学水平。

课程重点是培养高师生的数学教育能力，难点在于如何通过对该课程的学习，切实提高学生的教育教学能力。为了解决上述课程教学重难点，课程组优化和创新教学体系和实践环节改革，加强与基础教育互动、互融；加强教育基地建设，形成稳定的教育教学实验基地，为学生教育见习、实习提供良好的环境；加强对试讲、说课等环节的指导和实践；采用集中见习、延长教育实习时间等方法，开展网络教学，增加网络资源，积极探索考核制度改革；利用视频案例研究方法，研究课堂教学，提高教学质量。

4.3.2 课程建设

1. 实现了从"中学数学教材教法"到"数学学科教学论"的过渡

杭州师范大学自建立数学系以来，"数学学科教学论"一直属于专业必修课。在教学实践中，从起初的"中学数学教材教法"逐渐过渡为"数学学科教学论"，从培养目标、教学内容、教学方法、教学手段等方面构建了适合杭州师范大学学生学习的"数学学科教学论"教学体系。

2. 面向基础教育课程改革，建立适应时代要求的数学学科教学论体系

我们以新一轮基础教育课程改革为导向，为适应新数学课程教学的要求，通过转变数学教育观念，从2001年起展开了"数学教学论"的教学如何适应基础教育课程改革的尝试，现在教学内容的更新已基本完成，从而基本确立了能够适应新一轮基础教育课程改革要求的"数学教学论"教学体系。

3. 修订了"数学学科教学论"课程的教学大纲及实施细则

新的教学大纲主要有以下特点：第一，强调知识、内容的现代化；第二，强调能力的培养、素质的提高；第三，强调教学活动的实践性。

4. 修订了"数学学科教学论"课程的教学规范

在教学规范的修订中，我们特别注重强调以下几点。

第一，强调在教学中培养学生的教学能力，培养学生独立思考和钻研的习惯，培养学生独立发现问题，并运用所学知识去分析问题、解决问题的能力。

第二，强调课堂教学中学生的主体作用，从课前准备、课中教学到课后辅导都要从学生实际出发，在教学中注意师生的双边活动，使学生有思考与发表见解的机会。

第三，强调实践环节的教学，把微格教学作为一种教学手段明确规定下来，通过模拟教学、教学实践、听课、参阅资料、课堂讨论等手段，让学生直接参与实践活动。

5. 建立教科研基地

在浙江省杭州市康桥中学、三墩中学、滨兴中学、乐清虹桥中学、台州洪家中学等学校建立了基础教育实验基地，开展了教育教学实验，取得了一系列的成果。实践证明，这对高师数学教育的改革和中学数学教师的培养具有重要的意义。

6. 在本课程的教学方法上进行了有效的改革

既考虑到中学数学教学理论体系的完整性、严密性和发展性，又考虑到知识的应用性与实践性，在教学中既要求学生掌握各个概念的含义，同时又突出理论在实践中的应用，要求学生能运用教学法的知识，来分析和处理中学数学教材的知识点和逻辑结构，掌握各种数学课型的教法和特征，了解当前国内外中学数学教学改革现状和动向，提高学生的中学数学教学能力。我们始终把能否正确处理理论与实践、传授知识与培养能力的辩证统一关系作为我们课程建设和教学工作能否取得成效的关键，这也是我们在工作中始终坚持的一个指导思想。课程建设主要是加强了本课程的实践环节，体现在微格教学的功能优化，制定了数学教师教学技能培训评价表。

7. 出版有关基础教育研究的专著及教学辅导书

近年来出版有关基础教育研究的专著、教学辅导书20余部，在浙江省乃至全国有一定的影响。特别是《新课程中学数学实用教学80法》深受广大教师的欢迎。《现代数学教学论》已于2009年第三次重印，在全国有一定的影响。

8. 召开多次国际数学教育大会，积极开展国际合作

由于该学科的发展，自1997年以来，召开了三次国际数学教育大会。特别是2005年8月召开的第三届东亚国际数学教育大会，受到与会代表的一致好评，在国际上影响颇深，这已经成为该学科的一大特色。积极开展国际合作，项目组将与美国、香港大学等开展国际教学、科研合作，并积极探索课程教学方法。

9. 利用现代教育技术手段进行数学教学

特别是在该学科中介绍HP图形计算器进行数学教学已经成为该学科的另一大特色。

10. 加强教师技能训练及实践优化

制定《数学学科教学论实验大纲》，并制定了详细的实验内容。进行实践环节的优化与创新，增加说课、评课训练，开展集中教育见习，在教育实习中开展视频案例研究，提高学生的教学技能，努力构建"三习一体化"。（理论学习、教育见习、教育实习一体化）教育模式。多次进行教育计划修改，积极探索"一主两翼"（"一主两翼"是指扎实的专业基础课为主，扎实的专业课和扎实的现代教育理论与教育技术为两翼）的师范生知识结构。

4.3.3 教学条件

课程紧紧围绕高师数学与应用数学专业的培养目标和人才规格要求进行了卓有成效的改革与建设，先后编写出版了《数学新课程实施与理念》和《现代数学教学

论》等十多部专著、教材，有效地实现了课程内容与现代教育技术整合教学，开展《HP 图形计算器在数学教学中的应用研究》及几何画板教学软件在初等几何教学中的应用。《现代数学教学论》作为教材在全国发行，自 2006 年 2 月出版发行以来影响较大，并在温州大学、浙江教育学院等高校作为教材使用。

坚持"数学学科教学论"的教学与数学新课程标准相结合的教学原则，在"数学学科教学论"的教学中，始终坚持教学内容改革与基础教育改革相结合。

在教学内容上，增加数学及数学教育研究的成果、数学教育基本问题的介绍与争鸣、数学思维与数学思想方法等内容。使学生教育观念与时代发展同步，熟悉现行数学教育的状况，了解数学教育领域的前沿基本研究状况，使学生切实感受到这一学科对未来教师职业有着重要的指导作用。

与此同时，建立切实有效的激励和评价机制，保证本课程建设质量。坚持让本课程教授承担本课程第一线教学工作和课程建设工作，同时积极发动相关学科教师和教学管理人员及学生广泛参与，共同完成本精品课程的建设。继续建立和完善本精品课程评价体系，完善学生评教制度，促进课程建设不断发展。

（1）实行严格、科学的考试和考查制度。对待考试和考查，做到严密组织，严格要求。根据课程特点，按照教学大纲要求命题，采用相应的考试方法，如开卷考试法，闭卷考试法，A、B、C 卷考试，开卷与闭卷相结合考试法，讲课或说课与笔试相结合考试法等。

（2）既要考核学生的基本知识、基础理论和基本技能，又要注意考核学生分析问题、解决问题的实际能力及实际教学的应用能力。考核结果应能客观地反映学生的实际水平，考核后，教师必须认真地进行阅卷及试卷分析工作，并提出相应的改进措施。

积极开展网络资源建设，截止申报日期，已经建立"数学学科学教学论"网站，资源丰富；同时，杭州师范大学网络课堂内"数学学科学教学论"课程已经投入使用，课堂录像已经建设完成。

4.3.4 教学方法与手段改革

1. 教学方法的改革

（1）教学方法的改革应真正体现"以学生为主体"的教育观念，加强启发式和讨论式课堂教学，培养学生自主学习的能力和才能；帮助学生学会思考，鼓励学生敢于思考、敢于争论，培养学生的创新精神和创新能力。

（2）加强说课的训练，让学生走上讲台讲课，真实感受教学的实际过程，以及观看优秀教学录像等实践活动，训练学生的从师技能。

（3）及时更新课程的教学内容，体现高师院校数学教育的先进性。对学生不易理解或不太熟悉的内容以教师讲解为主，充分发挥教师的主导作用，用较短的时间构建学生的数学观念。对某些章节的内容，根据教学内容的重点和关键之处，提出一些针对性较强的问题，让学生对照问题去自学，并要求学生仔细阅读教材和教师提供的教学参考资料，理解内容实质，掌握理论，做好笔记，在课堂上进行交流，教师把握课堂的气氛和进度，并对所讨论的问题及时进行总结。对一些比较简单易懂的教学内容，则完全让学生进行自学，查阅文献，独立地完成相关的作业。

（4）教学方法的多样性可以提高高师院校大学生的素质，培养他们的科研能力，在传授知识的同时激发学生的学习能动性，调动他们的学习积极性，主动地完善自己的认知结构，把提高高师院校大学生的教育能力融于教学中。

2. 教学手段的改革

（1）由一支粉笔、一块黑板的课堂教学走向"屏幕教学"，由讲授型教学向创新型教学发展。

（2）教学应注重运用现代化的教学手段，重视课件开发，加强 CAI 教学、多媒体教学和数学软件的运用，改变课堂教学环境；把技能教育转变为素质教育。

（3）运用多媒体教学吸引学生，调整学生情绪，激发学习兴趣。

4.3.5 课程实践课设计

重视说课、试讲和教育见习等实践环节，只有通过试讲、教育见习才能培养学生的教师素质和教育教学的基本技能。

1. 说课

加强说课的训练，让学生走上讲台讲课，真实感受教学的实际过程，以及通过观看优秀教学录像等实践活动训练学生的从师技能。

2. 试讲

教师在教学过程中组织学生试讲，利用数码技术拍摄，在试讲过程中加强指导，并对录像带进行必要的分析，从语言技能、导入技能、讲解技能、提问技能、板书技能、变化技能、强化技能、结束技能等多方面进行有效的训练，进而形成综合教学能力，为从学生到教师的角色转换做好充分的准备。

3. 教育见习

稳定的教育实习基地、完善的毕业论文和社会调查等实践性教学方案和校内外相互交流的机制，为实践教学营造了良好的氛围。开展集中教育见习，建立教育实践基地，由指导教师进行必要的指导。加强说课、备课环节的指导和训练，积极探索校内技能实践实验室建设。

为了保证实践课程的有效实施,课程按教学大纲的规定完成各项教学任务,并配有稳定而能胜任的指导教师;注意结合实际加强学生思想品德和组织纪律的教育,较好地培养学生的从师技能和教学能力,以达到学以致用的目的。

4.3.6 课程特色

(1)坚持"数学学科教学论"为基础教育服务的宗旨,建立了多个基础教育实验基地,与基础教育互融互动,并在实践基地开展了相关的科研活动,起到了以科研促教学的积极作用,出版了专著、教学辅导参考书20余部,受到广大中学师生的欢迎和好评。

(2)坚持"数学学科教学论"的研究与基础教育改革密切结合的原则,研究数学新课程标准,并出版了在中学数学教师中广受欢迎的《新课程中学数学实用教学80法》(广东教育出版社)、《新课程资源探索与拓展(高中数学)》(浙江大学出版社)、《现代数学教学论》(浙江大学出版社),并多次受邀到舟山、宁海、永嘉等地为中学数学教师讲授新课程标准,深受欢迎。

(3)在课程教学中,注重产学研的转化,注重与企业加强合作,先后与美国惠普公司、日本卡西欧公司合作研究图形计算器在数学教学中的应用,并在本科生中介绍现代教育技术,特别是使用图形计算器(在学校支持下购买90台)研究中学数学问题,在全国处于领先地位。

4.3.7 课程效果

浙江师范大学教授张维忠认为,课程组师资队伍结构合理,科研能力强,近年来,出版专著、教材、辅导材料20余部,对高师数学学科教学论课程与教材建设做出了重要贡献。

华东师范大学数学系教授汪晓勤认为,近年来,杭州师范大学数学教育团队异军突起,在基础教育和高师数学教育方面进行了大量、富有成效的理论探讨和实践研究,取得了丰硕成果,在国内同行中已经独树一帜,体现了较高的学术水平,反映了该团队具有很强的研究能力和很大的发展潜能。

全国核心期刊《数学教育学报》副主编、天津师范大学教师教育学院院长王光明教授认为:该团队的研究成果有一部分在《数学教育学报》发表,这些成果贴近基础教育实践,对高师院校数学院系的数学教师教育改革有启发价值。出版的专著、教材是数学教师教育职前培养难得的好教材,并成了天津师范大学的重要教学参考书,他们的数学教育科研成果是在国内居于领先水平的优秀教学成果。

实验基地杭州市康桥中学、三墩中学校长们一致认为,该课程组培养的学生具有扎实的专业知识、稳定的专业思想,反映出"数学学科教学论"教师队伍有较强的科研能力,较高的教学能力。学校教学督导委员会认为,"数学学科教学论"教学内容有一定的创新性,体现了新一轮数学课程改革、教育学、心理学等内容,课堂教学中教学方法灵活多样,既注重理论性又注重实践性,师生互动充分,具有良好的教学效果。本课程在同层次的国内同类院校中处于领先地位。

第 5 章 教学改革实践探索

地方高师院校改革的核心环节是课程改革，课程改革的核心环节是课堂教学改革。在上述章节的整体规划下，协作学校积极开展下述课堂教学改革。

5.1 高等教育大众化与高等数学课堂教学模式改革

5.1.1 问题的提出

随着高等教育规模的不断扩张，我国的高等教育正在走向大众化，教育机会在增加、培养的人才也更多了，这必将极大地提高中华民族的总体素质，增强我国在世界上的竞争力。但由此也造成了高等教育的总体资源配置、教学科研设置、基础设施条件、师资的数量和质量等硬件资源相对短缺，生师比例的提高、大班上课师生交流的减少，教师负担加重等问题，另外毛入学率的提高也导致了生源质量的总体下降[1]。入学后学生的数学成绩出现了严重的"两极分化"现象，高等数学的教学质量严重下降。

与此同时，基础教育正在发生一场轰轰烈烈的教育革命，从小学到高中的数学教材正面临着一场深刻的变革，这迫切要求高等数学教学进行改革。因此，在高等教育大众化进程中，如何进行高等数学的教学改革已经成为人们关注的话题之一。人们纷纷开展高等数学教学改革，探索新的高等数学教学模式以提高高等数学教学质量。

5.1.2 高等数学教学存在的问题

（1）一方面，由于扩招，学生学习基础差，学习高等数学的积极性不高；另一方面，高等数学任课教师因受学科本位主义思想的影响，缺乏对"大学数学课程在大学教育中的作用是什么"的研究，而过分强调"专业教育"，形成了对大学数学教育的片面理解"为专业教育服务"[2]，并一味追求高等数学作为学科的严谨性，这就增加了学习的难度，致使学生认为高等数学高不可攀。

（2）传统的高等数学教学模式以教师讲解为主，采用"注入式"的教学方式，

---

[1] 黄家寅. 高等教育大众化和校园数字化对教学模式改革影响的研究[J]. 高等理科教育，2006，（2）：116.
[2] 喻平. 教学论的当代研究对数学教育的启示[J]. 数学教育学报，2001，2（1）：55.

课后让学生做大量的习题，不能调动学生的积极性，严重影响了教学效果。因此，数学教师花了很多心血，许多学生也花费了不少精力，但教学效果很差。

（3）高等数学教材内容相对陈旧，体系单一，不能适应高等数学大众化发展的步伐，更不能适应基础教育改革的需要。同时，课程内容单调，教学计划和教学大纲过死，缺乏鼓励教师创新教材的机制，以至于高等数学教材虽多，却给人"千人一面"的印象，给学生掌握数学思想方法、学习数学新知识造成困难。

（4）高等数学评价制度单一，不能适应高等教育大众化的需要。目前，对高等数学的评价依然是 10 年前"精英教育"条件下的评价制度，对学生仍然采用单一的笔试方法，已经难以适应现代教育的发展要求。同时，试题大多采用书中的例题和习题的模式，缺乏考查学生灵活应用数学知识解决问题的试题，更缺乏旨在培养学生创新能力的试题，这在一定程度上造成了高分低能的现象，严重影响了学生学习高等数学的积极性。

（5）教学手段上，高等数学教学缺乏与现代教育技术的有效整合。许多高等数学教师不具备使用现代教育技术手段授课的能力，有的教师使用现代教育技术也仅仅是让其起到了代替黑板的作用，没有让现代教育技术在高等数学教学中真正发挥作用。

我们发现，高等数学教学改革可以提高高等数学教学质量，提高学生数学素质，为他们的进一步发展奠定知识上、心理上和能力上的基础。事实上，不断进行教学改革，提高教学质量是教学工作的永恒主题。早在 20 世纪 80 年代初，美国已经开始进行微积分教学的改革。因此，为适应高等教育大众化进行高等数学教学改革是十分必要的。

5.1.3　对高等数学教学模式的认识

教学模式作为一个正式的科学概念于 1972 年由美国的乔伊斯和韦尔正式提出，关于概念的定义多种多样。笔者认为，高等数学教学模式是指在一定教学思想或理论指导下建立起来的较为稳定的教学活动的结构框架和活动程序。教学模式具有相对稳定的内部结构，具有反映现实和理论构想相统一的特点。核心是用系统、结构和功能的观点研究教学过程、教学方法，并考察其理论基础，从而形成一种系统化和多样化相统一的教学模式[①]。可以说，只要有一定的教育思想、方针或理论作为指导，从宏观上把握教学活动整体及各因素之间的联系和功能，又有一定的序列性和可行性，都可以称之为教学模式。由于任何教学活动都存在于一定的空间和时间之中，因此究其实质来说，教学模式是指创造教学环境的方法。不同的教学理论、教学目标、对师生活动的安排构成了不同的教学模式。一般说来，教学模式的结构

---

① 夏慧贤. 当代中小学教学模式研究[M]. 桂林：广西教育出版社，2001：12-20.

应该具备教学思想或基础理论、教学目标、操作序列、师生角色、教学策略和评价六个方面①。同时，综观各种教学模式，我们可以发现，教学模式应该具备完整性、优效性、开放性、参照性和可操作性五个方面②。教学模式是教学理论与教学实践的中介和桥梁，是教学理论和教学实践发展的必然产物。教学模式根据不同的分类标准有不同的种类，一般根据学习心理学可分为四类：着眼于信息处理的教学模式、着眼于人际关系的教学模式、着眼于人格发展的教学模式、着眼于行为控制的教学模式③。

5.1.4 关于高等数学课堂教学模式改革的几点对策

1. 以现代教育理论为指导是高等数学教学模式改革研究的方向

随着教育改革不断深入，数学教育的新理念、新观点不断出现，尤其是"以教师为主导，以学生为主体"④的思想已经逐渐被人们接受，师生合作模式应当成为高等数学教学模式改革的目标。笔者认为，高等数学教学模式应以调动学生学习兴趣，培养学生创新能力，全面提高数学教学质量为出发点，把"创设情境—师生互动—巩固反思—小结质疑—练习创新"⑤作为参照模式，采用多形式的教学模式，通过高等数学教学模式改革，创造出新颖的课堂教学模式。通过师生合作学习，不断完善学生的学习心理品质，掌握必要的数学知识和技能，使我们的数学教学能够真正适应教育及现代化社会发展的需要。

同时，我们面对的教育对象是学生，在教学改革中必须要有科学的理论做指导，通过科学的实验，积累大量经验，并将这些经验提炼出来进行一些实证性的研究，使它们上升为高等数学教学模式，在一定的范围进行推广，以达到提高数学教育质量的目的。

2. 正确处理教师主导和学生主动性的关系

在高等数学教学中，往往采用传统的教学模式——教师讲授，学生听课，学生很少参与教学过程，这就造成了"满堂灌"的事实，课后学生参照例题反复练习，学习效果很差。建构主义认为，学习的实质：知识主要是靠学生学会的，学习就是发生在学生头脑内部的建构⑥。因此，高等数学教学模式的改革势在必行。高等数学教学方法改革的核心是如何在教学过程中真正发挥学生的主体作用，让学生自主

---

① 喻平. 教学论的当代研究对数学教育的启示[J]. 数学教育学报, 2001, 2 (1): 55.
② 钟启泉. 现代教学论发展[M]. 北京：教育科学出版社, 1988: 163-234.
③ 王坤元. 高等数学教学模式调查的思考[J]. 数学教育学报, 1999, 8 (2): 82-84.
④ 数学教育高级研讨班会议纪要[J]. 数学教育学报, 2002, 1 (1): 61.
⑤ 王坤元. 高等数学教学模式调查的思考[J]. 数学教育学报, 1999, 8 (2): 82-84.
⑥ 张华. 课程与教学整合论[J]. 教育研究, 2001, (2): 34.

学习、自主探索。笔者认为，大众化下的高等数学教学应根据学生的实际情况，进行分层次教学，把通过直接经验获得知识作为一种重要方式。

教学方式可以采用"讨论班"的方式，让学生事先自学，然后先解决某些基本概念、基本问题，让学生自己挖掘各种问题带入课堂，让学生充分参与，把"教学、学习、研究"结合起来，从而培养学生自主学习、探索问题的能力，达到在学习高等数学的同时，让学生具备参与科研的能力。

教师在讲授过程中，精选教学内容，将重心放到数学思想和思维方式的培养上，贯彻知识、能力、观点并重的原则，让学生了解现代数学思想和数学研究的前沿知识，培养学生研究问题的兴趣和爱好。学生的自学应当在教师的指导下进行，采用分层次教学的方式，使高等数学教师在教学过程中真正起到主导作用。在讲课中，可以适当增加例题的数量，使内容讲解有具体感，因为例题既可以帮助学生理解抽象的理论内容，又可以使学生体会到这些理论知识如何被应用。

习题课上，采用边讲边练、精讲多练、以练为主，留出时间让学生自己动手练习的模式。习题课的重点是如何利用数学原理和方法解题。

同时我们还可以开设各种高等数学讲座，如"数学思想发展史"讲座、"数学方法论"讲座等，以扩大学生的知识面，激发学生的学习兴趣。

总之，高等数学教学模式应以调动学生学习兴趣，培养学生创新能力，全面提高高等数学的教学质量为出发点，把"创设情境—师生互动—巩固反思—小结质疑—练习创新"作为参照模式，采用多形式的教学模式。具体教学模式是"学生为主，自学辅导"。基本教学过程是：自学—辅导—质疑—交流（师生、生生）—运用—反馈—自评。

3. 高等数学教学模式改革的理论与实践研究必须重视现代教育技术

数学教学不同于其他一般学科的教学，有其独特的特点：①数学教学要特别注意数学对象的实际背景；②数学教学的重点是发展学生的数学思维；③数学教学要善于培养学生对抽象数学思维的兴趣；④数学教学要求善于选择和编写"习题"[1]。为此，数学教学过程应力求从实际问题的背景出发，以体现数学源于实际及数学理论知识的发展过程，要创设条件把学生所学知识运用到实际生活中，让学生亲自参与数学活动，体验数学发展的全过程。

现代教育技术已经在数学教学中显示出特有的作用。

（1）能充分体现"以学生发展为本"的观念。借助现代教育技术，可以让学生积极参与，自行探索，获得亲身体验，对数学的概念与内涵有更为深入的理解，达到可持续发展的要求。同时，也增加了教学容量，活跃了课堂气氛，提高了教学

---

[1] 张奠宙. 数学教育学导论[M]. 北京：高等教育出版社，2003：111-113.

效率。

（2）体现了"数学教学是数学活动的教学"的观念。借助现代教育技术，在数学教学过程中，逼真地反映了各种微型世界，使学生亲身经历了数学知识的形成，以及建立数学模型、探索数学规律的过程，激发了学生学习数学的兴趣。

（3）学生可以深入理解"数学的内涵实质"。运用现代教育技术，在探索数学概念、论证数学事实及解决数学问题的过程中，学生可以运用动态方法，通过动与静的不同方式、宏观与微观的不同视角，树立起更为全面、更为正确的数学观。

（4）不仅丰富了教学环境，而且给数学教师创造了一个自由设计数学课程的空间。

因此，高等数学教学模式改革应注重运用系统方法，以学为中心，充分利用现代教育技术，科学地安排教学过程的各个环节和要素，实现教学过程的优化。我们应努力做到：①明确以"学"为中心；②充分利用信息资源来支持"学"；③把任务驱动、问题解决作为学习与研究活动的主线；④强调协作学习；⑤把学生对知识的意义建构作为整个学习过程的评价标准[①]。

4. 高等数学教学模式改革的研究必须适应高等数学课程改革的需要

"纵观 20 世纪教育实践的发展，依然是以课程与教学的分离为特征的。世纪大转换时期，在课程与教学观上回观并超越杜威已成为教育中的一种重要时代精神。"因此，如何将课程改革和教学模式改革相结合成了数学教育工作者思考的一个重要问题。

众所周知，传统的高等数学教学模式非常重视数学学科经典内容的讲授，重视演绎推理的证明，但忽视了学生的数学学习习惯，大多高等数学教学模式基本上以教师、课堂、书本为中心，采用单一传递灌输的教学方式，忽视了交流、合作、主动参与、探究等学习方式。随着课程改革的不断深入，如何改变传统的高等数学教学模式以适应新课程的需要成了一个紧迫的理论与实践问题。通过 20 多年的数学教学改革的探索，我们可以发现，许多重大的高等数学教学模式改革问题往往都涉及数学课程问题。同时，教学改革要取得根本性的突破，必须跟课程改革联系起来，从课程教学上进行综合考虑。教学模式改革的成功很大程度上依赖于课程改革的整体推进。为此，高等数学教学模式改革必须加强与数学课程改革的联系，从数学课程改革的整体上进行综合考虑，依据"教学有法，但无定法"的原则，创设符合数学课程改革实际的高等数学教学模式，供数学教师参考，从而全面提高数学教育质量。

高等教育大众化的时代正向我们走来，高等学校的作用开始转变为：①通才教育；②让本科生学会"自我发现"的本领[②]。数学的重要性在高等教育大众化的背

---

① 黎加厚. 教育技术教程[M]. 上海：华东师范大学出版社，2002.
② 武多义. 有关高等数学教学模式问题的若干思考[J]. 数学教育学报，2001，11（4）：74.

景下日益凸显，而评价制度也正逐渐发生改变。因此，高等数学教师应当转变教学观念，与时俱进，适应时代发展的需要，大胆地运用现代教育理念，进行高等数学教学改革，全面提高高等数学的教学质量，以适应高等教育大众化发展的需要。当然，高等数学教学改革是一个渐进的过程。我们应当充分认识到高等数学教学改革的复杂性、困难性，同时又要在高等数学教学研究中与时俱进，大胆探索，使教学不成为僵化的和教条的，而是灵活的。

5.2 "慕课+翻转课堂"教学模式下的"中学数学教学设计"课程建设及实践

5.2.1 问题的提出

数学教师是实施数学课程改革的主体，是推行数学课程改革的关键。新的数学课程需要新型的数学教师，高师院校承担着培养数学师范生的责任。然而，相较于基础教育数学课程改革的不断推进，高师院校数学师范专业的课程教学相对滞后，其教育理念、教育模式、课程结构、教材及内容方面与中小学相脱节[1][2][3]，数学师范生学习热情低、教学实践能力不足等问题较为突出。

为解决上述问题，提高数学师范生学习参与度与教学专业能力，以适应时代发展和课程改革的需要，高师院校纷纷开展各种课程教学改革。"中学数学教学设计"正是在此背景下从原"数学学科教学论"改革分化而来。"中学数学教学设计"作为高师院校体现数学教师专业特点的重要课程，是直接反映基础教育数学新课程改革要求的重要载体。面对基础教育课程改革的挑战，如何更新课程体系、内容、教学方法及评价方式，是课程组亟待思考和解决的重要问题[4]。

与此同时，随着信息技术的飞速发展，视频公开课、精品资源共享课、网络课程等形式的不断涌现，对高等教育的体制、教师、课堂教学带来了前所未有的冲击，也为教学改革提供了良好的契机。课程组于 2012 年成功申报"中学数学教学设计"为教师教育国家级精品资源共享课程建设项目，构建了适合在校学生及社会学习者进行在线学习和交流的网络学习环境及资源，但要真正提高"中学数学教学设计"课程课堂教学质量，单纯靠网络教学资源还不够，迫切需要探索新的教和学的方式。为此，项目组依托精品资源共享课程项目的数字化学习平台，在"中学数学教学设计"课程中，设计、实施了"慕课+翻转课堂"线上教育和线下教育结合的教学模

---

[1] 刘正伟. 论学科教学论的范式转换[J]. 教育研究，2005，3：58-62.
[2][4] 袁维新. 新课程理念下的学科教学论的反思与重建[J]. 教师教育研究，2004，4：36-40.
[3] 杨启亮. 反思与重构：学科教学论改造[J]. 高等教育研究，2000，5：65-68.

式[1],着力培养数学师范生中学数学教学设计能力与教学实践能力,并增强其研究意识,提高其研究能力,以适应基础数学教育课程改革的需要。

5.2.2 慕课与翻转课堂

在信息技术迅速发展的背景下,慕课、翻转课堂已成为高校课程、教学、学习方式改革转型的新方向之一[2]。与传统课程相比,慕课作为大规模在线开放课程,具有规模大、打破时空限制、开放程度高、可重复、强调学习体验和互动等基本特点。慕课背景下学生学习自主权不断加强的同时,也对教师的授课水平提出了更高的要求[3][4][5]。但许多大学在开发慕课课程过程中,出现了教学评价质量不高、中途辍学率较高等问题[6][7][8]。为弥补慕课在课程实施中存在的不足,同时保留其优点,有研究者开始设计"慕课+翻转课堂"这样线上教育和线下教育相结合的教育模式[9]。其中翻转课堂指教师创建视频并在网上发布,学生在家或课外通过互联网在线观看教学视频,完成任务清单中的学习任务,回到课堂上师生面对面交流、完成作业的一种教学形式[10][11]。

下面从课程设计、建设、实施、效果及思考与建议等方面介绍"慕课+翻转课堂"教学模式下"中学数学教学设计"课程建设及实践情况。

5.2.3 课程设计

1. 课程设计框架

"中学数学教学设计"从原来高师院校数学专业设置的"数学学科教学论"中分化而来,其目的为改进学生学习方式和教学方式,切实改变当前数学师范生教学实践能力不足、缺乏研究意识和研究能力的现状,培养具有"育人为本、实践取向、终身学习"等理念及终身学习能力的高素质数学教师。课程组于 2012 年成功申报"中学数学教学设计"为教师教育国家级精品资源共享课程建设项目,随后积极建设课

---

[1] 姜艳玲,国荣,付婷婷. 翻转课堂与慕课融合促进教学资源均衡研究[J]. 中国电化教育,2015,4:109-113.
[2] 蔡宝来,张诗雅,杨伊. 慕课与翻转课堂:概念、基本特征及设计策略[J]. 教育研究,2015,11:82-90.
[3] 刘继斌,赵晓宇,黄纪军,等. MOOC 对我国大学课程教学改革的启示[J]. 高等教育研究学报,2013,(4):7-9.
[4] 鲍庆龙,乔玉婷,李志远. 从 MOOC 到 SPOC:在线教育对远程军事职业教育的启示[J]. 高等教育研究学报,2015,2:41-46.
[5] 王永固,张庆. MOOC:特征与学习机制[J]. 教育研究,2014,(9):112-120.
[6] 王海波. 国外当前慕课发展中存在的问题探析[J]. 复旦教育论坛,2015,(4):25-30.
[7] 陈正,尤岚岚. 德国高校 MOOCs 教育利弊得失的经验与启示[J]. 高校教育管理,2015,(3):58-61.
[8] 吴万伟. "慕课热"的冷思考[J]. 复旦教育论坛,2014,(1):10-17.
[9] 姜艳玲,国荣,付婷婷. 翻转课堂与慕课融合促进教学资源均衡研究[J]. 中国电化教育,2015,4:109-113.
[10] 叶波. 翻转课堂颠覆了什么——论翻转课堂的价值与限度[J]. 课程·教材·教法,2014,10:29-33.
[11] 李梦,蔡建东. 国内外翻转课堂知识图谱研究[J]. 数字教育,2015,3:14-19.

程网络资源且编写出版了配套教材，并以此为基础，设计、实施了"慕课+翻转课堂"线上教育和线下教育结合的教学模式。课程设计框架如图 5-1。

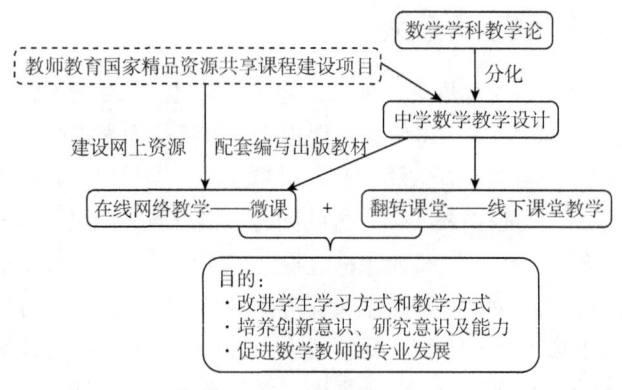

图 5-1 课程设计框架

2. 课程理念

"中学数学教学设计"以《教师教育课程标准（试行）》为指导，确定了如下教学理念：坚持以人为本，以学生发展为本，培养学生质疑精神、批判精神、科学精神，从关注有效教学转变为有效学习，改革教学理念为先学后教，培养学生学习能力。

5.2.4 课程建设

课程建设是落实课程教学理念与目标的重要前提，它包括课程内容选取、网络教学资源建设、课程教材编写出版，以及教学场所改革。这些课程建设项目的落实为课程教学理念及目标的实施提供了保障。

1. 建设网上课程资源，完善慕课建设

网上课程资源的建设主要包括完成制作教学视频与明确学习要求这两个部分。课程在线教学视频的录制与"中学数学教学设计"教材初稿同期完成，教学视频主题主要选自教材初稿，并邀请中学一线优秀数学教师一起授课。为保证视频教学效果，课程组聘请校外拍摄团队进行视频录像及后期制作。对内容较少的采用知识点的形式进行教学，拍摄的录像时间相对较短；对于内容较多、逻辑性较强的知识点，拍摄的课堂教学录像时间较长，后期进行适当剪辑。为确保课堂录像的精练有效，上课教师先观看拍摄好的录像，然后将一些处理不当的环节做好标记，再交给制作团队处理。

网上课程资源中的学习要求主要是明确课程的学习目标、重难点、学习任务及评价考核要求。课程组在 2014 年 6 月基本完成了精品资源共享课程"中学数学教学

设计"网络资源建设,将所拍课堂录像、课件及学习要求上传到爱课程网络平台,为学生自主学习、自主探究提供了丰富的在线课程资源。

2. 构建立体化教材,为翻转课堂提供条件

教材建设是精品资源共享课程建设的一个重要内容,课程组根据《教师教育课程标准(试行)》的要求,紧紧围绕对中学数学教学设计能力有重要影响的知识点,构建教材的框架和授课的内容,并积极开展教材建设。教材内容包含数学教育改革前沿知识、数学课堂教学的基本教学模式与教学方法、数学教学设计理论及分块设计方法等。根据上述"中学数学教学设计"在线教学视频内容,在教材相应的章节附上二维码,以此连接课程教材与教学视频资源,读者只需通过手机扫一扫教材中的二维码,便能即刻观看爱课程网上"中学数学教学设计"相应章节的教学视频。

3. 改革教学场所,促进"慕课+翻转课堂"融合

课程组改变以往传统课堂教学为线上与线下相结合的教学。线上教学场所为爱课程网站精品资源共享课"中学数学教学设计"。在完成上述网络资源与教材建设基础上,课程组于课前仍会不时地选择合适的"中学数学教学设计"相关资源上传至爱课程网,并在网上更新相关作业和思考题,不断完善慕课建设。

翻转课堂对课堂教学的改革主要体现在以下两方面:一是在课堂教学中,以专题讲座、学生展示、师生研讨为主要的教学形式;二是增加教学实践场所,课程组自 2003 年以来,在中小学建立了多个基础教育实践基地,为开展"中学数学教学设计"课程的实践教学提供了场所。

5.2.5 课程实施

课程实施主要为翻转课堂与慕课的融合(图 5-2)。在正式授课前,课程组教师会组织学生在新学期开始前的假期(暑假或寒假)提前自学在线教学内容。在课程正式开始后,课程组仍会不定期上传学习资源,组织学生继续课前网上自学,完成基本作业,开展在线互动讨论,以此实现慕课学习。

翻转课堂一方面体现在实际课堂中,课程组教师通过专题讲座、师生研讨、组织学生微格教学自我展示等形式开展教学。另一方面,课程组将"中学数学教学设计"中部分实践性强的课程内容放到中学,学生观摩现场教学后听取中学数学教师的点评,从而有利于加强高师理论教学与中学数学教学实践的联系,让学生尽快掌握中学数学教学设计的方法和手段。上述两方面的翻转课堂课时数即为课程规定的课时数,学生课前慕课学习的时间并不包括在内。

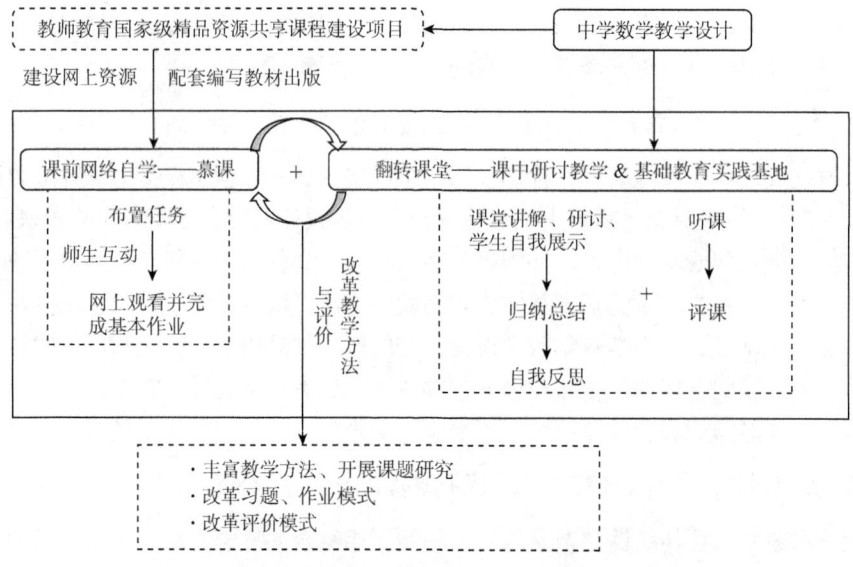

图 5-2　"慕课+翻转课堂"教学模式图

此外，课程组在课程实施中通过丰富教学方法，采用多元化方式进行教学评价，以提高"中学数学教学设计"教学的实效性，并通过鼓励学生参加与教学设计相关的课题研究，培养学生研究能力。具体课程实施、评价如下。

1. 丰富教学方法

1）采用讨论、探究式的教学方法

在课堂教学中，教师将学生分成若干小组，并组织学生以小组为单位，针对当前数学教学某一有争论或热点问题展开探究式讨论，同时也组织小组学生进行集体备课，为微格教学做准备。

2）利用视频案例开展教学

课程组自 2003 年以来，在中小学建立了多个基础教育实践基地，收集了大量的优秀教师课堂教学案例，为在教学中开展视频案例教学提供了有利条件。教师选取具有代表性的教学设计与教学视频案例，在课堂中组织学生通过小组合作讨论、学生自我展示等方法讨论教学设计与教学实施，以不断提高学生的参与度，激发学生的学习兴趣。

2. 开展课题研究

课程组组织学生参与中学数学特级教师优秀教学设计案例库的建设，带领学生开展课题研究活动，提高师范生的研究能力。在课题研究中，由学科导师和课程专业导师共同研究公布选题，吸引学生加入研究团队开展研究，较高质量地完成了学年论文与毕业论文。

3. 改革习题、作业模式

习题、作业对提高教学质量有着十分重要的意义，课外作业是课堂教学的延伸，课程组将从原来简单的识记型作业改革为调查、研究型作业，并结合模拟上课以提高作业效果。改革后的课程作业如下例。

例1 写一篇小论文，论述三角形在中学数学中的地位。

该作业需要学生在查阅文献资料、仔细阅读、理解教材的基础上才能完成。

例2 不同的教师将教材引入课堂的方式有三个阶段——接受、改编、消化，请谈谈你的看法，并谈谈如何有效应用这三种引入方式。

例3 分组研讨法：体现集体备课，学生分工、合作、协调能力。

（1）九年级：二次函数。

（2）八年级：梯形。

（3）七年级：抽样

作业要求呈现：①备课的过程；②说明二次函数、梯形、抽样的教学地位，以及背景、学情、教材分析、教学方法的选择、教学流程的设计、教学效果的预测、存在的问题及其解决策略；③撰写说课稿；④说课；⑤模拟上课；⑥课后讨论；⑦如何改进。

4. 改革评价模式

课程组结合学生在线上、线下的学习情况对学生进行综合评价。线上学习评价包括学生在网络平台的笔记、提问、评论及上传的作业；线下学习评价包括学生平时课堂表现、自我展示、小组合作研讨情况。其中自我展示主要指微格教学展示，课程组教师通过建立微格教学的教学评价体系与方案，对师范生开展教学技能分项训练，以期取得良好的教学效果。

5.2.6 课程实施效果

自2014年"慕课+翻转课堂"教学模式下的"中学数学教学设计"课程实施以来，随着网络资源的不断完善，课程实施效果越来越显著，下面将从慕课课程使用情况、翻转课堂实施现状及师范生教学技能竞赛这几个方面介绍课程实施的效果。

1. 慕课课程培养学生自主学习、终身学习的能力

课程组通过不断完善慕课建设，在网络平台为学生提供了丰富的教学资源，为学生课后自主学习、自主探究提供了机会。一方面，学生可根据教师课前通过网络平台布置的相关作业和思考题，自行完成作业并通过网络平台上传，其作业在平台上可公开阅览；另一方面，学生在观看教学视频的同时，可以在线做笔记、评论并

提问，也能在网络平台对课程进行评价。课程组教师有针对性地对提问、评价在网上及时做出回复，其他学生也能参与这些提问的互动，从而实现课后在线教学的师生、生生互动。从课程在网络平台上线以来，师生在线上互动频繁，截至2017年6月1日，课程网络平台的访问量为53 133人次，资源基数达224，师生评论数达2 856人次，学生提问、教师答疑数近200，学生笔记数超过6 495。

2. 翻转课堂实施效果明显

由于学生在课前已在线进行了预习，因此在教学前期，教师选取优秀中学数学教学设计、课堂教学录像的案例等素材，以及数学教育学科前沿知识、热点问题，以专题讲座、师生集体研讨的形式开展教学。学生在课堂教学互动中表现十分积极。在教学后期，教师组织学生分别以个人和小组合作的形式多次就某一课题进行教学设计，随后组织学生微格教学。课程组教师全程在微格监控室观察学生教学情况，对学生的教学设计与微格教学进行针对性指导。

此外，课程组教师借助在基础教育实验基地组织教研活动的机会，带领学生进入中学，听取优秀教师现场讲授中学数学课。课后授课教师与课程组教师带领学生结合教学设计共同研课，切实加强了学生对中学教学设计理论与教学实践的联系，提高学生教学设计能力与教学技能。

通过一系列的教学改革，取得较为显著的教学效果。例如，杭州师范大学数学师范生参加教师资格证笔试、面试通过率较高，在2016年3月举行的全国数学教师资格证笔试中，学生虽然没有学完"中学数学教学设计"（该课程安排在三年级春季），但学生在寒假进行了网络学习，"学科专业知识与教学能力"通过率超过90%，通过率在同类院校中名列前茅。

3. 学生参加数学教学技能竞赛表现出色

数学师范生参加省、全国师范生教学技能竞赛也取得了很好的成绩，其中2015年参赛学生是2014年6月"中学数学教学设计"网络资源上线以来第一批参与"慕课+翻转课堂"教学模式教学的学生。与前两年相比，2015年无论在获奖人数还是在名次上都有所突破，如首次获得浙江省高等学校师范生教学技能竞赛数学组一等奖，首次获得教育部举办的东芝杯中国师范大学理科师范生教学技能创新大赛数学组二等奖。

参赛学生在教学设计、对教材中数学内容本质理解及课堂教学等方面都表现出色，这与"中学数学教学设计"新教学模式的学习及课程组教师的指导密不可分。

5.2.7　思考与建议

"中学数学教学设计"在精品资源共享课程背景下进行"慕课+翻转课堂"的教

学模式改革，不但为数学师范生创建了在线学习和交流的网络学习环境，同时更为学生提供了中学数学教学技能演练的场所。这对促进数学师范生教学能力的提升，培养一批具有先进教学理念、扎实教学技能的优秀教师后备力量起到了十分重要的作用。

但课程改革仍在继续，如何不断更新、构建合适的网络学习资源，以激发学生学习兴趣，提高学生线上、线下参与度等问题，仍是课程组值得关注的课题。此外，改革课堂教学内容，结合以教师专业化为导向的教师职前培养、入职教育和职后培训为一体，构建以自主、开放、综合为特色的数学教师教育课程体系也是本课程建设今后努力的方向。

5.3 基于慕课建设背景下的"初等数学研究"课程教学改革研究

5.3.1 问题的提出

"初等数学研究"是高师院校重要的教师教育课程之一，旨在引导学生通过高初结合全面地认识与理解初等数学及其本质，从而提高数学师范生对中小学数学教材的理解与研究能力，为今后从事数学教学工作打下必要的基础[1][2]。然而，"初等数学研究"在课程实施过程中存在着教学内容更新不及时，课程内容多课时少，学生课堂参与度低，对初等数学本质的理解不足，以及课程教学方式、方法相对落后，教学缺乏研究性等问题，亟待探索有效的问题解决方法。

与此同时，基础教育改革的不断深入对高师院校人才培养质量提出了越来越高的要求。为了能主动适应基础教育改革的需要，教育部于2011年印发了《教育部关于大力推进教师教育课程改革的意见》，要求高师院校从课程教学内容、课程资源建设、教学方法和手段等方面深化教师教育课程改革，从而全面提高教师培养质量，建设高素质专业化教师队伍。而近年来以视频公开课、精品资源共享课、网络课程等为形式的大规模在线开放课程，即慕课的不断涌现，也对高等教育的课堂教学带来了前所未有的冲击。

在此背景下，笔者所在课程组开始探索在慕课建设背景下，开展"初等数学研究"课堂教学改革，以解决课程实施过程中存在的上述问题，加强学生高初结合的能力，提高学生对初等数学本质的理解。

---

[1] 张志敏. 充分发挥《初等数学研究》课的教育教学价值[J]. 数学教育学报，1996，1：86-90.
[2] 戴风明. 高师《初等数学研究》有效教学的研究与实践[J]. 数学教育学报，2009，6：88-90.

5.3.2 课程教学改革设计

与传统课程相比，慕课作为在线开放课程，具有开放程度高、可重复、强调学习体验和互动等基本特点。慕课背景下学生学习自主权虽然在不断加强[1][2][3]，但也易于出现教学评价质量不高、中途辍学率较高等问题[4]。要真正提高"初等数学研究"课堂教学质量，单纯靠慕课建设的网络教学资源还不够，还需要探索新的教和学的方式。有研究者针对慕课在课程实施中存在的不足，设计并实施了"慕课+翻转课堂"这样线上教育和线下教育相结合的教育模式[5]。翻转课堂指学生在课外通过互联网于慕课平台在线观看教学视频，完成任务清单中的学习任务；回到课堂上则通过师生面对面交流完成作业，开展专题式研讨的一种教学形式[6]。

为了能使"初等数学研究"课程有效落实线上教育和线下教育相结合的教育模式，解决该课程在教学中存在的上述问题，提高教学有效性。笔者所在课程组已成功申报该课程为学校慕课建设项目，并积极开展慕课资源建设。此外，更从课程教学内容、教学模式、教学方法、评价方式等方面探索"初等数学研究"课堂教学改革（图 5-3）。

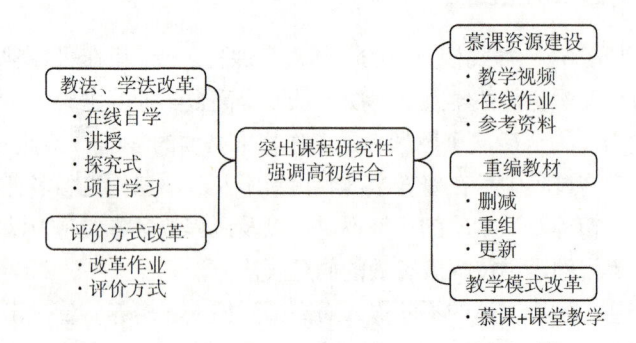

图 5-3 "初等数学研究"改革概图

改革突出提高课程的研究性及高初数学结合程度，在加强课程与中学数学教学联系的同时，提高学生对初等数学本质及教学的理解，增强其驾驭中学数学教材及进行数学教学研究的能力，为将来从事中学数学教学工作打下必要的基础。具体改革策略如下。

---

[1] 刘继斌，赵晓宇，黄纪军，等. MOOC 对我国大学课程教学改革的启示[J]. 高等教育研究学报，2013，(4)：7-9.
[2] 鲍庆龙，乔玉婷，李志远. 从 MOOC 到 SPOC：在线教育对远程军事职业教育的启示[J]. 高等教育研究学报，2015，2：41-46.
[3] 王永固，张庆. MOOC：特征与学习机制[J]. 教育研究，2014，(9)：112-120.
[4] 王海波. 国外当前慕课发展中存在的问题探析[J]. 复旦教育论坛，2015，(4)：25-30.
[5] 姜艳玲，国荣，付婷婷. 翻转课堂与慕课融合促进教学资源均衡研究[J]. 中国电化教育，2015，4：109-113.
[6] 叶波. 翻转课堂颠覆了什么——论翻转课堂的价值与限度[J]. 课程·教材·教法，2014，10：29-33.

5.3.3 课程教学改革对策

1. 精选教学内容，邀请中学优秀数学教师参与建设慕课在线教学资源

课程组利用学校慕课平台建设在线教学资源，不仅有助于提高学生学习的自主性，而且能缓解"初等数学研究"课程内容量大、课时少的压力，同时解决部分教学内容更新不及时的问题。在线教学资源内容主要包括三部分：一是课程每章的重难点及相应习题，如第一章数系中的加法单调性，第二章中利用综合除法进行因式分解。学生通过慕课平台课前预习，课后巩固，以节省课堂中重复讲解的时间。二是课程中非重点，但应用性又较强的定理证明，其证明过程通常较为烦琐，如"实数的开方定理证明""几个著名不等式的证明"，学生通过慕课平台学习这些定理证明，节省课堂证明的时间。三是高初联系紧密，且是当前中学数学教学的典型问题，如"零点问题"，为加强高师数学教学与中学教学实践的联系，这部分内容将邀请一线中学数学优秀教师进行讲解。

此外，课程组亦会在慕课定期上传每章作业、参考文献，以及一些相关中学数学典型问题、相关高等数学知识，供学生自学检测与拓展学习。

2. 重新编写教材，更新教学内容并加强高初结合，突出课程研究性

"初等数学研究"课程内容较多，突出介绍了初等数学中基本概念、基本定理及相关内容的基本解题方法，但存在教学内容更新不及时、部分内容陈旧的问题。课程组仍将课程分为初等代数与初等几何两部分，但结合中学数学教学实际及课程自身特点，对教材进行删减、重组、更新。删减课程中某些陈旧、繁难的内容，如算法、方程（组）同解性原理。重组中小学数学教学中已经涉及的基本证明或解题方法，从数学思想和数学方法论角度进行分类提炼。更新课程内容，如在立体几何中加入向量解法，在部分课程内容中加入数学竞赛应用，如利用特征根法、数列的母函数求数列的通项公式、著名不等式的应用等。

此外，每章开篇设计以提问的形式，引导学生从高初结合的角度思考本章节的学习。每章结尾减少习题量，增加研究性课题。研究性课题主要以探究、讨论为主要方式。引导学生从高等数学视角，主动地建构起每章初等数学知识发生、发展的过程，增强学生对初等数学本质的理解，提高其探索能力、创造能力。

3. 改革教学模式为"慕课+翻转课堂"，突破课时少、内容多的教学障碍

"初等数学研究"课程内容较多，且相对于其他课程如数分、高等代数、复变函数等内容较简单，如果完全按照教材内容教学，容易出现学生眼高手低的情况，认为学习内容简单，思想上重视程度不够，在学习中自然产生惰性[①]。为了避免出现这种情况，同时缓解课时压力，提高学生学习积极性并突出课程高初结合及研究性特点。课程组将设计实施"慕课+翻转课堂"这样线上教育和线下教育相结合的教育模式。

如图 5-4 所示，线上教学，即基于校慕课项目建设在线教学资源，组织学生于课前在网上完成基础知识的学习及相应作业，其中完成网上作业之后可在线看解答，学生若有疑问，师生、生生可在线互动。但在线资源建设并不能完全解决"初等数学研究"内容多、课时少的矛盾，因此在课堂教学中，一方面对中学数学中引进的一些数学概念用描述方法进行精确定义；结合具体实例分析，用数学思想方法对中学常用的解题方法进行提炼总结，引导学生体会数学思想方法在初等数学中的应用；对重要的新学定理进行证明；集中讲解在线学习中存在的问题。另一方面，组织学生对有关解题的研究性专题开展探究性学习，对高初结合综合性的内容结合中小学数学教学开展研究性学习、项目学习（project based learning）。

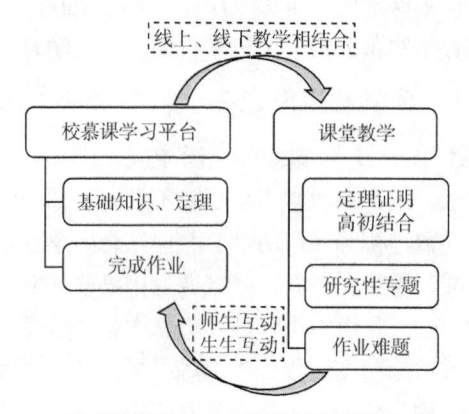

图 5-4 "初等数学研究""慕课+翻转课堂"教学模式

4. 采用探究式、讨论式教学方法并组织学生进行项目学习，提高学生对初等数学及教学的理解

"初等数学研究"课程内容初高结合、综合性强，对中小学基本概念给出了精确定义，其解题方法、策略又具有较高灵活性[②]，这为我们提供了丰富的研究课题帮助学生提高对中学数学教材及教学的理解与研究能力，如对不等式本质的理解，对函数零点问题的研究，对初、高中函数不同定义的理解，特征根法在求解递归数列通项公式中的应用，等等。

学生通过慕课平台与部分课堂教学，理解课程基本概念及定理，并学习用数学

[①] 绍光华. 高师数学教育专业《初等数学研究》教学改革初探[J]. 数学教育学报，1996，3：30-33.
[②] 戴凤明. 高师《初等数学研究》有效教学的研究与实践[J]. 数学教育学报，2009，6：88-90.

思想方法对中学常用的解题方法进行提炼总结。在此基础上，教师于课堂教学中开展探究式学习与项目学习。

1）采用讨论、探究式的教学方法

教师将全班学生分成若干小组，一方面，组织学生通过观察、比较、归纳、类比猜想等合情推理的方式进行或独立或合作的探究，引导学生从高等数学的视角，主动地建构初等数学知识发生、发展过程，增强学生对初等数学本质的理解，提高其探索能力、创造能力。如对函数概念及其发展的理解，对方程、不等式、分式等概念本质的理解。另一方面，探究"初等数学研究"中一些重要的解题方法或结论在中学数学解题或竞赛中的应用。如同一法在中学数学命题证明中的应用、特征根法在数学竞赛中求解递归数列通项公式中的应用、几个著名不等式在有关不等式命题证明及方程求解中的应用、函数零点问题探究等。

在这个过程中，教师以高等数学观点统率初等数学，紧密联系中学实际，突出并加强课程的研究性，注意改变学生的学习方式，逐步培养数学师范生用现代数学的思想、观点和方法对中学数学进行分析、研究的能力。

2）组织学生小组合作，开展项目学习

根据课程教师教育性质，为使学生通过本课程的学习提高其对中学数学教学的理解，在上述课堂探究的基础上，选择与中学数学及教学联系紧密的相关内容，组织学生以小组合作的方式进行项目学习[①]。即围绕选定的研究项目（通常对学生而言较难独立完成），学生小组合作提出解决方案，并分工实施，最后以小组为单位在课堂中进行汇报。比如，对于函数三种定义（变量说、对应说、关系说），小组学生分工合作，通过教育文献分析、访谈、视频观察等方法，研究不同年龄段、不同教学水平的教师如何开展函数教学，分析其异同，并从高等数学角度对其进行分析，最后以小组为单位在课堂中汇报项目学习结果。实现课内外参与式、启发式、探究式、讨论式教学的同时，引导学生主动参与，独立思考，协作探究，以培养学生自主探究、开展教育研究的兴趣和能力。同时鼓励学生将项目成果整理成文投稿，项目学习选题亦可以延伸作为学生学年论文、教育实习调查课题或毕业论文的选题，以此提高学生参与项目学习的主动性。

5. 改革作业模式及课程评价方式，体现理论学习与实践研究的结合

习题、作业对提高教学质量有着十分重要的意义，课外作业是课堂教学的延伸，基于上述课堂探究及项目学习，在原来习题式作业基础上，增加调查、研究型作业，以此提高学生对中学数学本质及教学实践的认识。

与此同时，改革课程评价方式，将评价考核分为三部分：一是针对学生在线上

---

① M. 路德维希，徐斌艳. 项目导向的数学教学设计[J]. 中学数学教学参考，2005，2：5-10.

学习的互动情况；二是线下课堂教学中的学习表现，如学习参与度、课堂讨论、小组项目学习等；三是学生提交的作业（包括线上、线下提交的作业、项目活动成果报告）与期末笔试成绩。综合上述三部分对学生的学习过程与结果进行综合评价。

为缓解课程内容多、课时少的压力，突出课程高初结合及研究性，从而加深学生对初等数学本质的理解，课程组基于慕课建设背景下，对"初等数学研究"课程的教学内容、教学模式、教学方法及评价方式进行改革，特别地，从教学内容、教法、学法上突出课程的研究性。改革实践正在进行之中，改革的有效性虽有待检验，但相信课程能在改革实践过程中不断成熟，逐渐满足新时期数学师范生的学习需求。

5.4 信息技术在课堂教学改革中的应用研究

5.4.1 问题的提出

当今，经济体制处于转型时期，人类社会与时代具有三种特征：①信息社会；②数学科学应用的广泛性和深入性；③国家富强更加取决于数学科学的发展水平[1]。数学大众化，人人都要学习有用的数学，数学建构主义等观点已逐渐被人们接受；人们纷纷应用现代教育技术进行数学教学改革，探索新的数学教学模式以提高数学教学质量。

高等数学是大学理工科和文科财经类的必修课，开设高等数学的目的是拓展学生知识面，优化素质结构，培养创新人才。但是，常常会听到学生反映高等数学难学、教师反映高等数学难教的抱怨。事实上，学生对开设高等数学的目的认识不清，学习基础差；而高等数学任课教师因学科本位主义思想，一味追求高等数学作为学科的严谨性，使学生更加认为高等数学高不可攀；同时，传统的高等数学教学，只让学生做大量的练习，学生缺乏理解和解决问题的能力；数学教师花了很多心血，学生花了不少精力，但高等数学的合格率总是很低。学生学习的积极性不高，学习效果很差。然而，在高等数学中使用现代教育技术进行教学的很少，许多数学教师仍使用传统的教学模式，不能调动学生的积极性，严重影响了教学效果。我们发现，教师调整教学方法可以提高学生数学素质，为他们的进一步发展奠定知识上、心理上和能力上的基础[2]。事实上，早在20世纪80年代初，美国已经开始进行微积分教学的改革。综观其改革的特点，在微积分教学中使用现代技术是一个主要的特点。

项目组于2000年4月使用TI-92PLUS图形计算器，2000年7月在清华大学了解到图形计算器进入了高等数学的课堂，并且进入了考场。于是有意识地在高等数

---

[1] 徐利治. 关于高等数学教育与教学改革的看法及建议[J]. 数学教育学报, 2001, (5): 2.
[2] 顾继安, 李冬红. 从高教自考看中学数学素质教育现状[J]. 北京教育学院学报, 2000, (4): 46-48.

学教学中使用 HP 图形计算器，于 2001 年 10 月开始了《手持技术在高等数学教学改革中的应用》课题的研究，2001 年 6 月指导了数学教育专业三名本科毕业生撰写有关 HP 图形计算器在高等数学中应用的毕业论文，还指导 6 名学生组成兴趣小组。笔者曾在文科班的高等数学教学中使用 HP 图形计算器进行试点，结果发现全班对上高等数学课表现出很高的热情，上课认真，课后使用计算器进行自主探索，起到很好的效果，期末考试虽然采用闭卷考试，但是全班全部及格。同时，笔者在对高中数学教师与初中一级教师的继续教育中使用 HP 图形计算器进行教学，受到了广大教师的欢迎，深受启发。本书拟在图形计算器与高等数学教学改革谈一些想法，旨在抛砖引玉。

5.4.2　HP 图形计算器在高等数学中的应用

1. HP 图形计算器是学生学习的科学工具

图形计算器是在计算机科学的基础上发展起来的数学学习工具，有人称之为"掌上电脑"。它是一种程序化的、专门为学生学习数学而设计的、小型化的电脑。HP 图形计算器内置有计算机代数和几何系统。它具有计算、作图、数据处理、编程等功能。它还具有红外线传输和与计算机连接的功能。同时，HP 图形计算器可以采集数据、进行数据处理、建立数学模型，为自主学习数学、进行研究探索提供了学习环境。

2. HP 图形计算器在高等数学教学中的应用

HP 图形计算器在高等数学中有着广泛的应用。利用 HP 图形计算器可以直接解决有关微积分的计算，可以做出各种各样的图像，以加深对公式的记忆和理解。例如，在极限的两个重要公式中，我们可以做出图像，从图像上看它的变化趋势，从而达到理解极限定义的目的。我们还可以利用 HP 图形计算器求行列式的值、求矩阵的逆矩阵，解线性方程组等；还可以做出各种三维图像，并可以展示各个侧面，比传统教学中使用教学教具更简捷。事实上，利用 HP 图形计算器解决高等数学问题并不影响数学知识的掌握。在解决一些较为复杂的数学问题时，我们仍需要按照数学思想将问题转化为图形计算器可以直接解决的问题。更重要的是，数学作为一门抽象科学，依靠的是逻辑而不是作为真理的标准，而它运用观察、模拟甚至实验来作为发现真理的手段[1]。利用 HP 图形计算器，学生可以自主地进行数学实验。因此，HP 图形计算器作为一种新的数学技术，不仅可以完善和补充传统高等数学的教与学模式，更有意义的是它为未来高等数学的教与学提供了一个思考方向。在设计教学过程中，可以根据学生的需要策划课时，鼓励学生利用 HP 图形计算器进行

---

[1] 格劳斯. 数学教与学研究手册[M]. 上海：上海教育出版社，1999，360-411.

独立的探索，以培养学生的科学精神、创造精神，让学生在一个比较宽松的环境里进行独立探索式的学习。

5.4.3 几点思考

1. 在高等数学教学中使用 HP 图形计算器符合现代教育观念

传统的教学观认为，教学目的是帮助学生了解世界，而不是鼓励学生分析自己所观察到的东西。这种教学观限制了学生创造性思维的发展，与我们当前提倡的素质教育和培养创新人才的目标不符。建构主义的教学以学生为中心，在整个教学过程中教师起组织者、帮助者和促进者的作用，利用情境、协作、会话等学习环境，充分发挥学生的主动性、积极性和首创精神，最终达到使学生有效地实现对当前所学知识意义建构的目的。建构主义教学是要努力创造一个适宜的学习环境，使学生能够积极主动地构建他们自己的知识。建构主义教学更为注重教与学的过程中学生分析问题、解决问题和创造思维能力的培养。

因此，在高等数学教学中，数学教师的重要任务是把自学方法和研究兴趣传授给学生，"讲课即讲学"主要是启发、鼓舞学生的钻研志趣。[①]HP 图形计算器丰富了教学环境，使数学教学与现实生活紧密相连，大大地丰富了学生的数学经历和数学感受。使用 HP 图形计算器进行高等数学教学，可以给学生创造学习环境，让学生自主学习，学生通过亲身实验培养数学能力和创造性思维。

现代教育技术不仅是教师教学的工具，更是学生学习的科学工具。随着科学技术的迅猛发展，尤其是信息时代的到来，现代高新技术越来越表现为一种数学技术，数学是科学，也是技术。所以，要让学生适应时代的要求，培养学生的创新精神，就要把计算机、计算器等现代信息技术与数学学科、其他学科内容整合在一起，让学生在教师的指导下，运用现代信息技术，相对独立地进行再发现与再创造。因此，不能把现代教育技术简单地看作一般的教具，而要发挥它们的技术优势，将其功能由"教具"向"学具"转化。[②]使用现代教育技术进行教学后，必须尽可能地讲清数学思想的来龙去脉，拓展学生的知识面，激发学生学习高等数学的学习兴趣。使用现代教育技术使学生了解现代数学和应用学科的发展概况，对高等数学有一个比较正确的认识和态度，从而激发他们学习高等数学的兴趣。在课堂中采用以点带面的策略，详细深入地分析每个数学范例，使用现代教育技术使学生通过学习提高学习兴趣，加深对高等数学知识的理解。HP 图形计算器是大众实现理念的一种体现，大众数学是一种全面关注学生发展、为每一个学生创造学习数学的机会的数学教育。

---

① 徐利治. 关于高等数学教育与教学改革的看法及建议[J]. 数学教育学报，2001，(5)：2.
② 郭立昌. 图形计算器与中学数学创新教育——几个值得思考的问题[J]. 数学教育学报，2001，4：48.

恰当地运用技术手段可以帮助大多数学生获得基本的数学知识和技能，从而使更多的学生用数学去思考和推理。HP 图形计算器的编程功能为开发学生的想象能力和设计能力开辟了一片天地[①]。同时，笔者发现，使用 HP 图形计算器等现代教育技术，可以在课堂中进行开放式教学，发挥学生学习的积极性，使课堂充满生机，帮助学生发展发散型思维，学习效果明显提高。

2. 进行高等数学教学模式的改革

在高等数学教学中，往往采用传统的教学模式——教师讲授，学生听课，学生很少参与教学过程，造成了"满堂灌"的事实，课后学生参照例题反复练习，学习效果很差。建构主义认为，学习的实质：知识主要是靠学生学会的，学习就是发生在学生头脑内部的建构[②]。因此，高等数学教学模式的改革势在必行。笔者曾经在文科系的高等数学教学使用了 HP 图形计算器，在每堂课中笔者都试图通过寻找一些数学模型引入新课，力求使学生能够了解该章节内容的来龙去脉，以使得学生真正理解高等数学的内涵。在推导出公式后，让学生一起使用 HP 图形计算器进行解题，教师起着指导的作用。通过学习，学生对高等数学有了兴趣，从而激起学生学习高等数学的积极性。笔者还在该班的学生挑选了 6 名学生（这些数学基础在全班 43 名学生中属于中等）开展了研究性学习兴趣小组，深入学习，他们撰写了关于利用 HP 图形计算器进行建模方面的论文，期末考试数学成绩也在班级中名列前茅。因此，在教学模式的改革中，我们要充分考虑现代教育技术的影响。笔者认为，高等数学教学模式应以调动学生学习兴趣、培养学生创新能力、全面提高高等数学的教学质量为出发点，从"创设情境—师生互动—巩固反思—小结质疑—练习创新"[③]作为参照模式到采用多形式的教学模式。

3. 高等数学教材改革势在必行

当今社会，科学技术日新月异，教育日益受到重视。现代教育技术已经影响了人们的思想体系，人们的数学观、教育观也发生了变化，教学模式也正逐渐发生变革，同时高等教育普及化即将变成事实及通才教育问题的提出，所有这些因素已经迫切要求对高等数学教材进行改革。学习的内容将以概念理解、探索关系与规律、问题解决、数学应用和推理证明为主。事实上，学习高等数学应成为进一步研究其他学科的动力泵。但目前，我国的高等数学教材十分注重理论的严谨性，缺乏以直观、具体的方式描述高等数学的内容，学生学完高等数学后不了解高等数学的背景，不能满足实际的需要，更谈不上如何运用了，而在高等数学中使用现代教育技术可

---

① 史炳星．谈谈图形计算器对我国数学教育的影响[J]．数学教育学报，2001，（1）：39．
②③ 李士锜．张奠宙数学教育高级研讨班会议纪要[J]．数学教育学报，2002，1：61．

以帮助学生提高利用现代教育技术解题的能力。因此，高等数学教材应当着重强调概念的理解，以及它们在相关学科中的应用；教材应始终贯穿解决问题的原则，从原来只求解决习题改变为探索实际情境题，从原来广泛地使用各类解题技巧发展到用近似方法和建构数学模型；教材应有能够自学和阅读其他材料的相关内容；同时，教材还应增加数学实验的内容，对数学例题和习题进行改革，以力求让学生使用现代教育技术进行自主的探索，掌握基本的思想方法。高等数学教材力求做到趣味性、直观性、启发性、技巧性、逻辑性与简易性相结合。HP 图形计算器的轻便性和便携性给数学教师的课程设计带来了更大的自由，为学生的学习提供了无处不在的学习环境，从而使高等数学课堂不再局限于课堂，教学时空得到延伸。同时，高等数学教材应当做到多层次性和多样性，以多种表现形式展现高等数学的概念，处处从学生对概念的理解出发，以加强高等数学教学的直观性。

在美国的微积分改革中，十分重视计算器和计算机的使用，而这种高科技也往往会被误用。因此，在这个意义上高等数学课程内容改革必须使计算器发挥最佳的作用。我们不仅要让 HP 图形计算器解决我们能够解决的问题，如代数运算、求导、求积操作，更重要的是要让 HP 图形计算器解决我们所不能解决的问题，如数值和图形化的功能。同时，使用 HP 图形计算器，让数学实验成为可能，数学实验不仅成了学生数学发现和获得数学灵感的源泉，也成了有力的数学研究方法。

笔者在进行高等数学教学改革的同时，编写了有关使用 HP 图形计算器在高等数学教学改革中应用的讲义。讲义以问题解决为突破口，集中体现了现代教育技术在高等数学中的应用，体现了高等数学的应用意识，特别重视高等数学与现实生活的联系，使学生能够理解数学图像和数值的意义，自觉地进行符号分析和语言的描述，使学生能够加深对高等数学知识背景的理解，同时又能抓住其概念。讲义又特别重视学生利用 HP 图形计算器进行数学实验，让数学与生活实际问题相结合。通过实验，让学生自己发现数学结论，促进学生对数学概念的思维建构，激发学生对高等数学的学习兴趣，培养数学的基本能力，增强应用意识能力，从而提高学生高等数学的学习效果。

4. 更新教育观念，改革考试制度是提高高等数学教学质量的关键

HP 图形计算器在教学过程中不仅是计算的工具，而且是数学实验的工具。在高等数学教学中，创新教育的关键并不在于使用现代教育技术，而在于数学教师的教育观念、数学观念及对现代教育技术的认识。只有数学教师改变了教育观念，真正意识到现代教育技术在数学教学改革中的意义，才会在教学过程中改变单一的讲授模式，让现代教育技术进入课堂。而 HP 图形计算器在课堂教学中为教与学提供

了很好的技术支持,数学教师应当充分利用这一技术来研究教学模式,以提高高等数学的教学质量。

目前,高等数学考试中大多采用闭卷考试的形式,试题经过精心挑选,试题的答案往往是唯一的,这种试题脱离了现实生活。而考试在一定程度上起着教学指挥棒的作用,因此应当让图形计算器尽早地进入高等数学的考场,这对促进现代教育技术的应用,深化高等数学的教学改革起着重要的作用。计算器进入教材,进入试题,会使问题的数据更加贴近生活和生产实际,使解答更加具有实际意义;可以使学生从烦琐的计算中解放出来,把精力放在对数学的理解,对问题解决的方法和策略的研究上。

同时,现代教育技术为试题提供了多样化的呈现手段。应用现代教育技术可以采用新题型,如涂格题、数字分配题、曲线分析题、利用各种媒体资料组织作文等。为此,我们应当充分利用现代教育技术的优点研制新题型,拓宽考试的范围,使考试更接近教学,更贴近生活。

现代教育技术在高等数学教学改革中有着十分重要的作用,应当将现代教育技术与数学教学进行整合,对高等数学课程进行改革,把数学内容和现代教育技术真正有机地整合起来。数学教师应当充分认识到现代教育技术在高等数学教学改革中的作用,认真主动地学习技术。同时,在高等数学教学中突出学生的主体地位,明确知识是学会的,而不是教会的。在高等数学教学中运用现代教育技术和先进的教学理论进行教学改革,开展数学实验,提高教学质量和效率,培养学生学习的主动性和创造性,使学生养成探索知识、主动建构知识的良好学习习惯,培养学生的创新能力。

5.5 区域互动、合作的教师教育人才培养模式的创新与实践

所谓区域、互动、合作是指为高师教育走进、研究、引领、服务于基础教育,探索高师院校与中小学紧密合作,职前职后融通、教学与教研统整、区域联合、互动、开展国际交流与合作,协作服务、互为促进,提升师范生整体综合素质,全面提高教师专业素质找到新的生长点,为我国基础教育培养高素质、专业化、复合型人才提供示范。区域互动、合作使教师教育紧密结合基础教育改革实际,及时把国内外教改成果及学科最新成果引入教学,让学生深入了解教学实践,对教师素养和实际教学能力的要求,积极主动地参与课程学习和实践训练过程,培养具有全面专

业理论素养和实践创新能力,可持续发展能力强的基础教育新型人才。

5.5.1 改革的现实背景及意义

教师的培养离不开高等师范教育——教师的职前培养,它是教师形成教学风格,提高教师素质的起点,而高师课程专业课程设置、教学实践环节及高师教师的教学方式都对教师的职前培养起着十分重要的作用。然而,与当前基础教育改革相违背的是,高师专业教学体系、实践环节并没有随之发生变化,而这必然会影响到新课程的顺利实施。区域联动、合作的教师教育人才培养体系的创新与实践势在必行。

1. 当前教师教育人才培养存在的问题迫切要求创新教学方式

大量研究表明,我国高师数学教育教学体系存在着不少问题。从课程观念上看,传统观念束缚了手脚,长期以来,重学术性轻师范性:高师教育盲目向综合性大学看齐,课程设置除了教育学、心理学、教学法以外几乎与综合性大学一模一样。重理论性轻实践性:高师数学教育专业脱离基础教育实践,表现在抽象的、深奥的理论课太多和缺乏实际价值的知识课过多,相反,教授实际需要的理论知识和能力的课太少。重传统文化轻现代科学知识:高师教学往往局限在传统的知识体系内,现代数学知识及科技知识进入课程、进入教材、进入课堂速度很慢。同时,高师教育本科专业还存在诸多问题:专业划分过细、课程结构失调、重考试分数等。从课程结构看,比例不够协调,即数学专业课程比例过大,师范类课程比例过少;从课程内容看,存在着"旧、杂、窄、空"等弊端。因此,进行教学体系改革很有必要。

另外,由于受"重理论轻实践"的观念影响,无论是专业课程还是教育内容都很空洞,可谓理论课一统天下,教师教育脱离了培养目标,脱离了师范专业自身的特点,脱离了基础教育实际。由于整个课程缺乏注重务实的、便于操作的内容,学生缺乏足够的技能训练,学生往往是在脱离现行中学教学状态下学习一般的教学理论,教育实习时一下子进入临战和实践状态,很难用所学理论指导实践,不能尽快地完成从学生向老师的角色转换。缺乏现代教育理念,课堂教学不能体现现代教育理论。因而,进行实践环节的优化和创新尤为重要。

2. 基础教育改革决定了教师教育改革必须加强对外交流与合作

基础教育改革对教师提出了更高的要求:课程改革、新课程的培养目标都对教师提出了新的挑战,不仅要求数学教师具有扎实的数学专业知识和教育心理学知识,会教、会使用教材,还要求教师具备一定的课程理论,了解数学发展的进程,理解教材编写的指导理念,能从数学知识中挖掘和展示其所蕴含的思想方法,能主动地研究教学实践中遇到的问题，具备前瞻性、全局性的教育观念与教育素养，能够引导学生在掌握知识、提高能力的同时，完成情感和态度的转变，获得良好的认识等。

因此，为了保证这场基础教育改革的顺利进行，优化和创新高师教育教学体系势在必行。对学生进行新课程改革的培训，进一步提高基础教育教师的专业素质，改变教学观念，也有必要根据新课程的目标与内容，重新调整各级各类高师院校的培养目标、专业设置、课程结构，改革教学方法，对师范生进行有关新课程的专题教育，使这些未来的教师们了解新课程、理解新课程，掌握新课程的理念和实施方法，不断提升自身素养，为今后在教师岗位上实施新课程做好观念、知识和能力上的准备。因此，对高师本科专业课程体系进行整合是很有必要的。为了能主动适应基础教育改革，教育必须加强对外交流与合作，共同培养未来的教师。

3. 数学教师专业化要求进行教师教育职前培养模式改革

当前，数学教师专业化已经成为世界性潮流，也是我国教育发展的客观要求。教师专业化要求高师院校教育改变传统、单一的教学体系和实践环节，根据基础教育改革的要求培养既具有现代教育理念，又具有科研能力等多种素质的人才，为此，进行教学体系改革和实践环节的创新以促进教师专业化发展尤为重要。

4. 教师教育人才就业的多样性和严峻性迫切要求改革教师技能实践

当前，高师教育的毕业生就业压力越来越大，许多高师本科毕业生也逐渐充实到小学，从而毕业生呈现出多样化发展的趋势。为此，迫切需要改革和创新教师技能实践环节，以提高教师的素质，适应社会不断发展的需求。

5.5.2 改革的目标

百年大计，教育为本。培育高素质优秀人才是学校的根本任务，本科教学是学校的生命线。要适应国家经济、社会与教育发展的新形势，创新人才培养模式，提高人才培养质量，努力将人才培养与国际接轨。积极发展中外合作办学，增加学生的国际化教育背景及经历，开阔学生的视野。因此，在教师教育中，立足国内，面向世界，走教育合作化、国际化的道路，拓展国内外交流、合作与发展的空间；推进教学方法和教学手段改革，积极探索研究性教学，大力倡导个性教育，使学生成为知识、能力、素质协调发展的高级专门人才；坚持引才与引智相结合，加强与国内高水平大学的交流与合作，显得尤为重要。

改革目标是"以校为本，区域联动，加强合作，注重实践，提高质量"。紧紧围绕基础教育改革发展需要，努力以实现数学教师专业化为目的，以提高师范生教师技能为目标，优化教学体系，创新教学实践环节，加强与基础教育互动，加强与基础教育合作，与国内外知名高校、企业合作，实现教学体系和实践环节的多样化、个性化，全面提高高师数学教育质量，适应社会不断发展的需要。

5.5.3 已有的改革基础与条件

已经建立台州、桐乡、杭州等地多个基础教育基地，在实验基地开展教学改革，探索高师数学教学改革，探索教育见习、教育实习、理论学习三系一体化模式；2003年以来，在师范生中已经开展集中教育见习活动，提高了教育见习效果；在实验基地、"数学教学论"等课程中开展教育实习改革，开展视频案例研究，提高了教育实习效果；近年来，不断扩大对外交流，与北京师范大学、华东师范大学、南京师范大学等国内知名大学，以及与美国加利福尼亚大学、得克萨斯大学、特拉华大学等国外著名大学建立合作伙伴关系，开展相关研究，取得良好的效果。

5.5.4 改革的主要内容

1. 优化和创新教学体系

建立基础教育实验基地，开展合作培养，不断改革人才培养模式，提高学生技能。应对现代社会对教师多样化人才的需求，改革传统培养模式，在省内中小学建立基础教育实验基地。在教学中，根据当前基础教育的新形势和教师培养特点，改革教师技能培养模式，培养学生教育教学的基本能力。

（1）以"基础教育实验基地"为载体，构建高师与基础教育互为合作、共研共训、互惠互补、双向提升的长效机制。

（2）以"基础教育服务区"为纽带，利用"教师教育实践基地"，开展对口支教，项目帮扶，顶岗实习，置换培训。通过合作互动、教师受益、以点带面、形成区域互动、整体推进教师专业发展的协作机制，促进双师共赢。

（3）以"教师专业化为导向"的"双导师"制。在实验基地上开展师范生见习、研习、实习和实践中聘任经验丰富的中小学教师、教研员为实践指导教师，为"服务区"的中小学教师配备优秀教育专家和教授进行专业引领。

（4）做好与国内知名高师院校合作开展教师培养工作，同时积极寻找国际合作途径，以本土化研究为基础，努力与美国、德国、新西兰等国外开展教师培养比较研究，积极开展教师技能培养。

（5）积极寻找与企业合作，与企业互动，合作培养教师。例如，与TI公司合作，与日本卡西欧公司、美国惠普公司合作，培养学生现代教育技术能力。

2. 创新数学教育实践环节，努力构建全程实践体系

教育实习是师范教育的主要必修课之一，是高师院校专业教学计划的有机组成部分，是为基础教育培养合格师资的重要环节。通过教育实习，提高师范生综合运用所学专业知识、教育理论知识及基本技能的水平，培养其从事教育教学工作的能力。

"三习一体化"是指在教学过程中，将教育专业知识学习、教育见习、教育实习作为一个完整的整体来考虑，对它们进行合理统筹安排，使教育实践效果达到最佳的状态。在教育实践中以教育理论尤其是现代教育思想、现代教学思想指导教育实践，同时，通过教育实践来提高对数学教育理论的认识，不断提高学生的理论水平和实践能力。

完善教育见习管理制度，如集中见习，以提高教育见习的效果；开展形式多样的教育实习，建议增加教育实习时间，采用分段推进的形式进行；建立课堂教学案例库，利用课堂教学视频案例，提高学生教学反思能力，进而全面提高师范生的教学实践能力。

在中学建立稳定的教育实习、实验基地是培养良好教师素质的重要保障，建立教学案例库。要把实习基地的建设与学校的基础教育研究实验点建设相结合。高师院校办学宗旨之一是为基础教育服务。为了更好地开展基础教育研究，必须在中小学建立基础教育实验基地，开展相关的教学实验，为高师数学学生了解新课程改革、开展教育见习、教育实习提供实践场所。

同时，加强初等数学研究课程的教学针对一些重要概念的加深理解，加强数学语言训练，开设中小学数学教材分析课程，以提高师范生数学教材分析能力。

3. 构建具有师范特色的课程体系

努力构建适应基础教育新课程改革的教师教育课程体系，以适应新课程改革的需要；突破原有课程结构，调整课程结构，拓宽课程设置的知识范围；加大教育类课程的比重，增加新课程实施的理念，设置多样化的教育课程，增加新课程的知识体系，从而整合高师课程体系，提高课程内容的实用性；课程设置采用模块的方式进行，强调宽、厚、实、高、新、活。所有的教学计划均包括四个模块：通识课、专业基础课、职业技能教育理论课和实践课程。

按学生的知识水平、认知水平及学生多元化的发展需要，把课程分为三个层次。

第一层次：专业主干课和通识课，内容包括解析几何、数学分析、高等代数、常微分方程、复变函数、概率论与数理统计、计算机程序设计语言、普通物理等课程及英语、计算机和人文科学教育等通识课。

第二层次："一干三枝"中各分支专业的专业基础课及职业技能课，课程包括近

世代数、微分几何、实变函数、高等几何、计算方法、数学模型等专业基础课和数学学习心理学、课件制作、数学教学评价与测量、数学教学案例分析、数学史与数学方法论等教师职业理论和实践课程。完成数学专业学生必备的专业素质培养及职业技能训练。

第三层次：与研究生课程衔接的专业课及多元化的系列选修课，课程包括拓扑与流形、泛函分析等基础类系列选修课和数学教育类、应用数学类、计算机类、经济类系列选修课。实现教学内容的综合化和现代化，既为学生读研奠定坚实的基础，又为学生多元化的就业选择做好准备。

1）教师教育课程体系的建构

针对传统课程体系中学科本位，教学与实践脱节，教学与教研疏离，教学技能薄弱，课程模式单一的现状，对现有课程模块、结构、内容、方法进行精选、重组、凝练，架构了具有理念超前、特色鲜明、适应基础教育新课程改革需要的教师教育课程新体系。

这种全新的教师教育课程体系的特色为：①在内涵上体现了课程选择的多元性、功能的发展性、学习的自主性。②在结构上注重了课程的整体性、内容的研究性、环节的实践性。③在模块上体现了课程的基础性、特殊性、技能性和实践性的有机结合。④在类别上体现了专业必修课、专业选修课及专业实践课的有机整合；专业基础课与专业技能课有机融合；显性课程与隐性课程相互渗透，形成融"理论学习—技能训练—教学研究—实践活动"为一体的新课程体系。

2）教师教育课程体系的实施

改革传统的课程结构，构建以生为本的开放、自主、立体的生态课程。

（1）研究型课程。通过开放教授研究室开展研究课程实践。采用师生互动、公开答疑、专题讨论、案例分析、个别指导、小组研究方式，拓展专业视野，开发学习潜质，促进双向提高、共同成长。

（2）示范型课程。精选国家及省级精品课例，为学生提供鲜活的效仿范本。通过职场的教师与准教师对话、交流、碰撞，使学生及时广泛吸取新鲜专业养料。

（3）综合活动型课程。通过学生自编、自导、自演、自评、独立创作与表演，主讲教师、教研员、优秀中小学教师现场点评，开展"教师工作坊""家长开放日""青少年主题班队会"等多种综合活动课程，促进学生养德、启智、练能、增慧、和谐、快乐成长。

（4）反思型课程。聘请优秀教研员和经验丰富的教师跟进学生模拟教学和实践，适时启发、点拨、互动、答疑，使学生在体验、感悟、反思中成长。

（5）精品型课程。通过实施校、省、国家三级教师教育精品课程建设工程，整体规划，重点扶持，加快课程质量的提升。

4. 创建与实施多维、互动、双导的教师教育实践教学体系

1）集中与全程训练相结合的临床实训模式

为师范生提供职业训练"配餐"，采用立体化实训方式。每年利用为期20天的小学期，实施规范、系统的训练。内容为一个核心（教育实践能力），两个支点（基本技能与专业技能），五种能力（课堂教学能力、班主任管理能力、教师教研能力、教育技术应用能力和心理健康辅导能力）。通过教育见习、课程研究、顶岗实习、教育实践等多种方式，开展临床观察、仿真课堂、模拟设计、演讲竞赛、专家论坛、与名师对话等活动，把集中训练与全程训练有机结合，专业训练与职业养成相互渗透，促进师范生从教技能的提升和乐教、善教职业兴趣的养成。

2）专兼结合的"双导师制"模式

（1）"3+1"分段指导。对优秀师范生配备学科专业指导教师和教师专业指导教师，实施一对一双重指导。

（2）"2+2"分流指导。对大类招生的学生在二次分流选择时配备学科专业指导教师和教师专业指导教师进行选择性指导。

（3）实践教学指导。给师范生在见习、研习、实习和实践教学中配备教师专业指导和中小学一线教师实践教学能力指导的双重指导。

3）开展学生课题研究活动，提高师范生研究能力

开展课题指导：由学科导师和教师专业导师共同研究，公布选题，吸引学生参加，将学生纳入研究团队，实施专项指导。

5. 研究开发符合新课程标准的数学教学资源库

随着基础教育改革的不断深入，基础教育内容不断更新，为了师范生能尽快适应基础教育改革的需要，在高师数学本科教育中建立"现代教育技术与教师技能实践实验室"，让学生利用课余时间进行教师基本技能训练，并进行反思；同时，在基础教育实验基地开展视频案例资源的开发与收集，为实验室提供教育资源。

6. 探索产学研一体化的教学实践方式

根据国内外教师教育改革的开放化态势，积极探索教师教育体制、内容、方法和模式的改革、开放与创新，创造性地利用自身独特的学科和人才优势，全方位地开放教师教育体系，夯实教师教育基础，拓宽教师教育渠道，增强综合办学实力，提高教师教育层次，强化受训教师的主动参与和自主发展，为浙江的基础教育事业发展培养和造就德才兼备的高素质专业化教师。

努力加强对外合作交流，特别是与企业合作教学研究，将专业理论知识学习、

实践研究（包括社团研究）与企业产品研究开发相结合，实现产学研一体化的教学实践模式。例如，项目组已经与卡西欧公司合作进行教学研究，共同开发研究现代教育技术在数学教学中的应用，并开展现代教育技术在教学中的应用技能比赛，以提高教师技能培训的实效。

5.5.5 改革特色

（1）研究基础教育改革背景下的高师数学教育存在的问题，探讨高师数学教育存在的问题，提出高师数学教育必须进行改革，对高师数学本科教育进行培养模式改革试验。寻求与基础教育合作伙伴，努力开拓与国际合作交流平台，建立区域、互动、合作的教学平台，从而建立符合教师专业化发展要求的培养模式和实践模式，以适应基础教育改革的需要。针对适应数学教育改革和教师专业化发展的要求，以及当前高师师范教育课程设置存在的问题，与基础教育合作、与国际合作，积极开展互动、合作是本项目的一个重要特色。通过改革提高教师的素质，适应当前基础教育新课程改革的需要，从而全面提高基础教育的教学质量。

（2）坚持建立基础教育实验基地，坚持合作、互动，达到高师院校与基础教育基地双赢。在教学实践中开展教育集中见习，努力构建旨在提高数学教师技能的"三习一体化"教学实践模式，全面提高数学教育师范生的素质以适应基础教育改革对教师的素质要求，促进数学教师专业化发展。

（3）以基础教育改革为动力，以学生就业压力为内驱力，以数学教师专业成长为目的，在基础教育实验基地开展视频案例研究，收集视频案例资源，建立资源库，为师范生技能训练提供案例。

（4）积极寻求与国内外知名高校合作，构建开放的教师教育培养体系。根据国内外教师教育改革的开放化态势，积极探索教师教育体制、内容、方法和模式的改革、开放与创新，创造性地利用自身独特的学科和人才优势，全方位地开放教师教育体系，夯实教师教育基础，拓宽教师教育渠道，增强综合办学实力，提高教师教育层次，强化受训教师的主动参与和自主发展，为浙江的基础教育事业发展培养和造就德才兼备的高素质专业化教师。

5.6 地方高师院校数学专业课程教学改革研究[①]

——以复变函数、近世代数和微分几何为例

近年来，数学分析、高等代数和解析几何（俗称数学与应用数学专业的"三基"）

---

① 本节内容由湖州师范学院唐笑敏撰写。

课程的教育教学改革已经引起众多专家学者的广泛关注，并取得了一系列研究成果。"三基"的后继课程复变函数、近世代数和微分几何是数学基础课程的深化，对培养学生的数学素质起着重要作用。

地方高师院校数学与应用数学专业作为培养中学数学教师的主阵地，应该积极探索数学课程的教学改革，为培养符合社会发展需要的新型教师做出贡献。结合我校新一轮人才培养模式改革和自身的特点，项目组以浙江省新世纪教改项目"高师院校数学系专业基础课的教学与教材改革"为契机，以激发学生学习的兴趣、学习的主动性和创造性为目的，对三门课程的教学改革进行了一些探索。

5.6.1 地方高师院校数学课程教学现状

近年来，地方高师数学与应用数学专业在培养目标、课程体系、教学内容、教学方法和教学手段等方面进行了一系列改革，以适应社会发展对数学人才的需求，但改革的深度和速度仍滞后于基础教育改革和发展的步伐。就复变函数、近世代数和微分几何课程而言，仍存在不少问题，具体表现如下。

1. 课程学时与教学量之间的矛盾

目前，这三门课程都减至每周 3 课时。但对于这些比较成熟的课程，教学内容的删减是很困难的。同时，由于数学学科自身的迅速发展，很多新知识和新思想要充实到课程中传授给学生，因此教师在教学中经常感到时间不够，无法系统地开展科学知识的教学工作。

2. 教学内容深与浅之间的矛盾

由于学生素质、择业观念和个人志向的不同，因此学生对课程的要求也不同，有的希望学得深些，有的希望学得浅些。这就使得教师难以兼顾学生的共性教学和个性教学，从而影响学生的学习积极性。

3. 教材与教学内容之间的矛盾

科学的进步和时代的变迁使有些教材的内容随着现代数学的发展已有新知识充实进来。教师在教学中也会添加一些新观点、新内容，以使课程更生动、更现代。这导致课程教学不能适应社会的发展和科技的进步，不利于高质量学生的培养。

4. 理论与应用之间的矛盾

高度的抽象性和严密的逻辑性是数学学科两个显著的特性。数学来源于人类实践，又通过不同途径应用于实践，但我们往往只注重理论知识的讲授，不能在理论与应用之间很好地结合，使学生觉得数学索然无味。

5. 课程之间相互割裂产生的矛盾

数学教学过分强调课程自身的"体系",教师只是专注于本课程的教学,忽视课程之间的横向联系。这就有可能造成学生只对部分课程、部分内容感兴趣,不利于学生对数学的整体理解和把握,不利于发散性思维的培养。

5.6.2 数学专业课程教学改革的若干思考

1. 更新教学观念,优化教学内容

复变函数、近世代数和微分几何都是抽象性较强的理论性课程,注重知识结构的系统性和严密性。因此,教师在教学中往往强调课程知识的传授,过程显得单调无味,学生体会不到数学的魅力,失去学习的兴趣。为此,我们要转变教育思想,更新教学观念,优化教学内容,开展教学研究。

首先,理论教学与实际应用相结合,充分挖掘理论知识的应用例证,增加数学模型教学,使学生感觉到课程知识不再是理论和抽象的,而是有其应用价值,培养学生的"应用意识"。譬如,复变函数在力学、自动控制学、信号处理、电子工程等领域,微分几何在力学和一些工程技术问题方面,近世代数在计算机科学、信息科学、近代物理与近代化学等方面都有着广泛的应用。教师在教学过程中不仅要吃透教材,还要善于发掘各种应用例证,将理论与应用有机结合,使课程变得"生动",既要体现课程的基础性,也要体现其应用性和时代性,从而提高学生学习抽象理论的动力。

其次,经典内容与现代数学相结合,以现代的观点讲解经典的内容,注重课程之间的联系教学,培养学生的科学研究能力和解决问题的科学方法。我们不是要求每门课的每一部分都现代化,而是要结合课程实际添加一些新观点、新内容,在基础课的讲授中开几个"窗口",让学生看清基础课与现代数学的联系[①]。譬如,可以介绍次调和函数和多复变基础知识,可以利用近代微分几何所用的活动标架法讲解曲线论和曲面论的基本定理。同时,在教学中要加强课程之间的联系,让学生不再孤立地看待某一门课程,培养学生思考问题的科学方法,使他们对数学的理解更为深刻和全面。例如,可以用复变函数的知识证明代数基本定理,可以在群作用教学中联系几何学中的Klein纲领,等等。

再次,知识教育与数学文化相结合,注重数学背景的讲解,进行科学品质教育,把教学内容变得"鲜活",让学生感受到数学的美。为此,项目组选择一些生动有趣

---

① 教育部高等学校数学与统计学教学指导委员会课题组. 数学学科专业发展战略研究报告[J]. 中国大学数学, 2005, 3: 4-9.

的科学故事，将科学思想、科学精神、科学道德、科学态度融入教学，如可以介绍著名数学家华罗庚、陈省生、苏步青等在分析、代数、几何方面的巨大贡献，以激发学生的自豪感，并使学生体验到数学的价值和魅力，从而提升数学修养。

最后，学术性与师范性相结合，根据专业培养目标实施教学改革。湖州师范学院数学系主要是培养中学数学教师，因此必须从实际出发，兼顾课程内容的学术性和师范性，尤其要凸显与中学数学密切相关的教学内容。一方面，大学数学课程的许多知识是中学数学的继续和深化，可以解释许多中学数学未能说清的问题，从而"高屋建瓴"地指导中学数学教学，如复变函数中的复数理论部分、近世代数中伽罗华理论解决多项式方程根式解的问题和域论解决不可能用圆规、直尺三等分任意角的问题等。另一方面，近年来考研学生不断增多，要考虑他们发展的需要，在内容上要有足够的选择性，不能降低要求，要注意课程教学的学术性。

2. 总结改革经验，编写优秀教材

教材作为教学的重要载体，对教学质量起着至关重要的作用。目前，三门课程分别使用史济怀和刘太顺主编的《复变函数》[①]，纪永强主编的《微分几何与微分流形》[②]，韩士安和林磊主编的《近世代数》[③]。这些都是优秀的教材，教学实践已经充分证明了这一点。

我们注意到，近几年高等教育的迅速发展给大学教学带来了许多新的问题，对数学课程的教学也提出了更高的要求。同时，由于科学进步和时代变迁，有些教材或者所列内容已显陈旧，或者已有新的知识充实进来。为适应这种变化，课题组总结多年来课程教学实践与改革的经验，吸收国内外优秀教材的长处，重新组织编写教材。由史济怀、刘太顺主编的《复变函数》已被列入教育部普通高等教育"十一五"国家级规划教材；由纪永强主编的《微分几何》已在2009年9月由高等教育出版社出版；由刘东主编的《代数学》部分讲稿正在试用中。与其他教材相比，这些教材具有以下特点：①将经典内容与现代观点有机结合，用现代数学的思想、观点和方法，在不触动核心内容的前提下，对现行课程的教学内容与体系进行改革，为学生打开一个通向现代数学的窗口。例如，利用非齐次 Cauchy-Riemann 方程的可解性来处理复变函数中许多经典定理的证明，使用近代微分几何的活动标架法，以及整体和局部相结合的方法研究经典微分几何的主要内容。②采用一些新方法来简化过去难以处理的问题。例如，找到了 Schwarz-Christoffel 定理、边界对应定理的简

---

① 史济怀，刘太顺. 复变函数[M]. 合肥：中国科学技术大学出版社，1998.
② 纪永强. 微分几何与微分流形[M]. 北京：高等教育出版社，2000.
③ 韩士安，林磊. 近世代数[M]. 北京：科学出版社，2004.

洁证明；采用了分析、代数与几何相结合的方法研究微分几何与微分流形中各种量之间的相互关系。③在习题的选择、编排上下了很大工夫，有许多是正式教学内容的有益补充，使学生有充分的余地施展自己的才能，得到更好的训练。④注重教材的分层教学模式，教师在教学中对内容的选择性较大，适用性较强，既能满足综合性大学的教学需要，又适合普通高等院校。

3. 建设精品课程群，实施网络教学

在教学总学时减少、新课程不断出现的情况下，如何对课程的教学内容进行整合和优化，以达到在削减课时后，保证教学内容的目的，是我们迫切要解决的问题。精品课程建设在这一过程中发挥着至关重要的作用，是解决这一问题的"良方"。我们强调课内与课外学习相结合，依托精品课程，建设课程网站，将优质的教学资源加以整合，为学生提供更为广阔的学习平台，使学生的课堂学习得以延伸。

经过多年的建设，复变函数课程在2008年被评为国家级精品课程，并在2013年成功升级为国家级精品资源共享课程；微分几何、高等代数课程分别在2005年和2009年被评为校级精品课程。这样，就可以依托分析、代数、几何三个精品课程网站，充分实施网络教学，将教学拓展到课外。具体措施如下：①将课程信息、课堂公告、学术动态、课程简介、教学大纲、教学计划、课程特色等栏目放在网上，使学生了解课程，积极参与教学过程，化被动为主动，成为课程的"主人"。②使用多媒体技术，制作课程的教师讲稿、多媒体课件，拍摄课程重点章节的教学录像，使学生能进一步学习，提高学生的学习兴趣和效率。③结合学生的兴趣点，开设"名师讲座"，先后邀请50多位国内外知名专家学者为学生作报告，使学生了解数学，提高学生的数学素养。我们对部分讲座摄像并上传到网站，让更多的学生受益。④制作习题库、试题库、难题解答，使学生拥有更多的学习资源，加深对课程的理解和掌握。⑤开通在线交流，实现师生互动，建立一个具有解答问题、提供更深更广的数学知识、反映学生要求等功能的个性化学习空间。

4. 发挥教学团队优势，注重学生能力培养

三门精品课程的教学团队拥有国家教学名师、省高校特聘教授、省教学名师、曾宪梓高师院校优秀教师奖一等奖获得者、省高校中青年学科带头人、省优秀教师、省"151人才"、等一批高水平的教师，具有很强的教学与科研实力。

课程建设的理念是一切立足于学生，最终目的是培养高质量的人才。我们以三门精品课程的教学团队为基础，将教学与科研紧密结合，在教学中引导学生进行科研探索，激发学生对科学研究的兴趣，为培养优秀人才打下良好基础。第一，以大学生专题学习班为平台，在三门课程结束后，采用分流培养方式，开设"现代数学

基础——分析、代数、几何"课程,并作为选修课纳入数学与应用数学专业本科生培养方案。由团队的教授担任主讲教师,组织研讨班,使科研进课堂,让学生参与教师的科研活动。第二,围绕学生的兴趣与目标进行知识的加深与拓宽,各团队常年坚持开展第二课堂,成立"兴趣小组",由团队的青年教师任指导教师,指导大学生科研立项,培养学生的创新能力和自主获取知识的能力。目前,教学团队已指导并完成湖州师院大学生科研项目30余项,正指导项目10余项,指导学生完成科研论文30余篇。此外,教学团队还负责数学分析、高等代数等课程的考研辅导工作,指导学生参加全国大学生数学建模竞赛、省高等数学竞赛、省挑战杯竞赛等,为培养"厚基础、宽口径、高素质、强能力"的人才发挥着积极的作用。

5.7 依托数学教育课程构建"345"师范生数学教学技能培养模式的研究[①]

地方高师院校是培养基础教育优秀人才的主力军,对发展我国教育事业、实施科教兴国战略、提高全民素质具有重要作用。教育部《义务教育数学课程标准(2011年版)》指出:"数学素养是现代社会每一个公民应该具备的基本素养。"因此,地方高师院校的数学与应用数学专业必须以培养优质的中小学教师为己任,有效开展校地共育,协同推进师范生职业能力和职业品格的不断提升。

5.7.1 地方高师院校师范生现状分析

1. 基础教育对教师的要求越来越高

随着中小学课程改革的不断深入与现代教育技术的不断升级,师范生教学技能水平受到前所未有的挑战。过硬的教学技能是教师推进中小学课程改革成功的关键所在,也是一名准教师必须具备的职业能力。因此,以中小学新课程为导向的师范生教学技能训练,是师范类专业人才培养的核心环节,直接关系到教师的专业化发展。

2. 师范生就业压力不断增强

教师是当今社会比较热门的职业之一,许多人希望在教师的岗位上谋求自身的发展。但是,基础教育的师资队伍已经相对稳定,需求日趋饱和。因此,师范生的就业形势不容乐观,就业质量呈现下滑的趋势。例如,湖州师范学院数学与应用数

---

① 本节内容由湖州师范学院唐笑敏撰写。

学专业的学生进入公办教师编制的比例由2012年的80%下降到2016年的50%。这一严峻的形势迫使我们思考如何提高学生的核心竞争力，而首先要考虑的必然是强化师范生的教学技能。

3. 教师资格证全面实行全国统考

2014年开始，中小学教师资格证考试向社会全面开放，师范生不再能够直接获得教师资格证，而要统一参加考试。这对高师院校教育教学改革形成了倒逼机制。如何应对这一变化，使学生在激烈的竞争中谋得一席之地？面对当前基础教育新课改如火如荼进行的潮流，地方高师院校并没有主动与社会接轨，师范生对中小学教学改革现状缺乏了解，教学实践经验不多，从而导致在教师资格证考试中处于劣势。

4. 高校对师范生教学技能训练的认识存在偏差

高校对师范生教学技能训练认识不足，主要表现在三方面：一是认为教学技能就是授课技能，忽略了人文素质对课堂教学的影响；二是教学技能训练主要集中在课堂，课外及实习基地的实训机会很少；三是只重视基本教学技能，对师范生的培养不符合新课改的要求，譬如缺少微格教学训练。这就导致知识习得仅停留在记忆与理解层次，在类似的情景中灵活运用知识成为盲点。学习迁移的欠缺必然导致师范生处理实际课堂问题能力不强。

5. 高校缺乏有效的反馈与评价体系

科学合理的反馈与评价制度是保障师范生教学技能得到提高的重要手段。通过对师范生培养目标实现程度的评价，根据评价结果进行信息反馈，并不断修正训练体系的内容，将会有效提高师范生的教学技能掌握程度与水平。如果没有一套科学明确的教学技能评价制度，那么师范生的教学技能训练水平就无法得到保证，从而导致行为调节失去依据，技能训练得不到提高。

5.7.2 以数学教育课程为载体，校地协同培养优质中小学师资

1. 改革课堂教学模式，进一步提高学生的师范技能

"数学教学论"和"中学数学基本教学技能"是数学与应用数学专业的师范性核心课程，分别安排在第五学期和第六学期，每周2～3课时。前者以讲授理论知识为主，实训内容约占总课时数的20%；后者是理论与实践相结合的课程，实践环节约占总课时数的30%。总体而言，两门课程的实践教学课时还不够。近几年来，依托这两门课程，采取"请进来、走出去"的方式，不断提高学生对基础教育的认识，

强化学生的教学技能训练。譬如，邀请优秀校友来校给学生做讲座、现场示范授课，请中学数学名师点评学生的模拟上课，组织学生观摩湖州市、吴兴区的数学优质课比赛等。这些实践教学方式对学生触动很大，也取得了明显成效。毕业生的公办教师考编成功率一直居于省内同类高校同类专业的前列。因此，本专业以"数学教学论"和"中学数学基本教学技能"两门课程的课堂教学为平台，将师范技能训练渗透到教学实践之中，形成一套更加有效、更具可行性的训练与培养模式，以进一步提升学生的职业能力与职业品格。

2. 校地协同驱动，探索师范生数学教学技能培养的新模式

目前，多数高校师范生的培养模式是"教育学+心理学+学科教学法+教学实习"。除了教育实习，其他三方面都侧重理论教学，实践层面的教学技能培养相对比较薄弱。但是，教学技能的建构不仅需要教育教学理论的支持，更需要在教学实际中通过实践来提升。教育实践是培养优质中小学师资的必经之路，必须依托优质的地方基础教育资源，构建数学专业理论培养与数学教师专业技能培养相叠加、校内培养与校外实践相嵌入的"叠加嵌入"培养模式。因此，本专业积极推进校地共育，与湖州市、吴兴区、南浔区教研室及湖州师范学院附属中学等开展密切合作，对"数学教学论"和"中学数学基本教学技能"的课程体系、教学内容等进行改革，在课堂教学中注入更多基础教育实践环节的新元素，探索师范生数学教学技能培训和考核的新模式，不断增强学生的核心竞争力，从而帮助学生在职业品格、职业能力、创新意识等方面都能有显著提升，为数学师范生的专业化发展和可持续发展奠定良好的基础。

5.7.3 "345"师范生数学教学技能培养新模式的探索与实践

以"数学教学论"和"中学数学基本教学技能"为课程教学改革的实践平台，依托湖州市优质的基础教育资源，协同创新，构建"345"师范生数学教学技能培养新模式，培养"卓越中学数学教师"。

"345"师范生数学教学技能培养模式是以培养具有较强实践能力的反思型、研究型教师为目标，以师院—中学协同驱动为依托，通过"三层、四段、五化"，全面提升师范生的实践能力和创新能力的一种新型教学模式。

师范生教学技能培养有三个递进层次："认知、体验、内化"（即"三层"），为实现师范生教学技能从认知到体验，再到内化，项目组建立了"名师示范、教育见习、模拟实训、实践反思"四个阶段（即"四段"）的实践教学流程。为保障上述四

个阶段的师范生教学实践流程能顺利实施，项目组需要开展"五化"教学策略探索：实施指导团队化、团队工作项目化、项目过程情境化、管理过程反思化、过程评价多元化。

1. 师范技能"三层"递进

设计师范生课堂教学技能培养途径时要把握"知、行、思"三个要素。为此，设计了教学实践能力的"认知、体验、内化"三个递进层次。让师范生去听、去说、去看、去思、去写，做到耳到、口到、眼到、心到，最大限度地发挥学生的主体作用。这样使认知、体验、反思的过程，变成学生心理内化的过程。

（1）认知：通过解读与示范、观察与观摩、见习与咨询等，师范生了解和初步把握中小学、教师、教育、教学、管理、学生、思想工作、心理咨询等方面的工作流程与方法。

（2）体验：通过实践、实训、教育见习、感受、体验等强化手段，师范生掌握教师的教育教学基本技能。

（3）内化：通过对话、交流、讨论、互动、合作、叙事、反思等，师范生在掌握基本技能的基础上，超越技能，提升和发展能力，成为反思型、研究型教师。

2. 师范技能"四段"培养

（1）名师示范：聘请不同风格、不同类型的中学优秀教师为师范生讲授示范课，让师范生感受中学名师的教学能力和教学风格，确立心中的榜样，树立实践能力的标杆目标和努力方向，增强求知欲望和努力的动力。

（2）教育见习：把师范生安排到实践基地，通过实地观察、观摩，了解中学、教师、教育、教学、课堂、活动、学生、学习、管理等各方面的情况。聘请实践基地的优秀教师为导师，全程负责师范生的见习活动。见习内容包括学校组织架构与运行机制、教师一日工作与生活、课堂教学、学习指导、班级管理、思想工作、心理咨询、教研活动、实践活动与第二课堂等。

（3）模拟实训：在师院或实践基地的微课教室进行模拟实训，教师全程指导。具体内容包括课堂感知，主要是进行优质课教学案例赏析和学科课堂教学初步体验；课堂教学模拟训练，主要是进行单项教学技能训练与指导（导入、提问、板书、结束、语言、情境创设、组织管理、评价、作业、反思、教学智慧等技能）；综合教学技能训练与指导，主要是进行学生教学模拟训练、教师集中点评和学生自主训练与提升。

（4）实践反思：学生对于影响其专业活动的知识、理解和信念，不是通过课本和专家的言语"获得",而是主要依赖于学生个人或合作的"探究"和"发现";教师专业发展的目的并不在于外在的、技术性知识的获取,而在于通过多种形式促使教师对于自己、自己的专业活动直至相关的物、事有更深入的"理解",发现其中的"意义",以促成"反思性实践"。

3. 师范技能"五化"教学

（1）实施指导团队化：每个师范生分派给由三位指导教师组成的指导小组（一位实训团队的专家,两位实训基地的优秀数学教师）。三位导师发挥各自优势,取长补短,分工合作,针对所指导的师范生,定期交流情况、分析原因、研究实训方案,共同负责师范生教学实践能力的培养。

（2）团队工作项目化：根据名师示范、教育见习、模拟实训、实践反思等各阶段的目标、要求和任务,给每阶段设立若干具体项目,以项目为抓手实现学生数学教学技能的提升。名师示范设置了教师体态、语言、教学艺术、教学风格4个项目;教育见习设置了涵盖学校、教师、教育、教学、学生、管理等12个项目;模拟实训设置了"三字一画一话"、课件开发与应用、教学设计、课堂教学模拟、班级管理技巧等13个单项技能和2个综合教学能力训练项目;实践反思设置了反思教学、反思课堂、反思管理、反思现象4个反思项目。具体的项目使各阶段目标明确、任务清楚、思路清晰、实践指向明晰,提高了实践教学的针对性和实效性。

（3）项目过程情境化：情境化有两方面的内涵,一是实践项目的问题是具体的、实际的问题,是实际教育教学中需要解决的问题。因此,所设计的项目具有真实性、日常性、丰富性的特点。二是实践项目的实施要在真实的学校情境或创设的情境中进行。因此,所设计的项目具有复杂性、动态性、指向性、教育性的特点。当然,教育见习是在实训基地进行的,让师范生置身于实际教学情境、亲历真实的教学场景、感受鲜活的学校生活;实践反思是对真实的学校教育、教学、现象、案例的反思。这些都是实践项目情境化的有效途径。

（4）管理过程反思化：互动、反思既是师范生实践能力培养的一个过程,也是一种重要的学习方法。因此,要把"互动、反思"作为培养师范生实践能力的重要方法,贯穿于"名师示范、教育见习、模拟实训、现场实习、实践反思"的全过程。要求师范生对开展的实践教学项目,以及由此引起的所见、所闻、所思及时撰写成反思日志,并开展多种形式的交流、互动、对话。譬如,名师示范和教育见习结束前,要求学生开展小组及学生与指导教师两个层面的交流、讨论,并在此基础上进行反思;模拟实训期间,要求学生要与指导教师进行多层面交流、讨论、感悟，并在此基础上进行反思；及时深度反思已进行的实践活动，理性总结相关经验。

（5）过程评价多元化：评价多元化有两层含义，一是指导评价内容多元，即把学生参与实践的积极性、参与交流研讨互动情况、开展反思、撰写反思日志、形成优秀实践成果等作为师范生实践能力的重要考核指标，充分调动师范生参与实践的积极性，有效促进过程跟踪、动态监督的实施；二是评价主体多元，即实践能力由实训专家、基地指导老师、小组成员及学生自己等多个主体开展评价。通过实施多元评价，倡导重过程、重参与、重反思、重成果的实践教学，形成"在交流中学习、在实践中学习、在观察中学习、在行动学习、在生活中学习、在体验中学习、在任务中学习、在反思中学习"等立体化多维时空的学习方式。

5.7.4 实践的成效与进一步的思考

1. "345" 师范生数学教学技能新模式取得明显成效

在校地联动机制下，通过校内教学技能培训和校外基地实训，师范生及时掌握了数学教学的各项技能，实现了职业能力与职业品格的共同提升，为学生的专业化发展与可持续发展注入了活力。

实现了地方高师院校与中小学的零距离对接。专业可以根据社会的需求，调整学生培养方向，学校内部进行课程整合与改革，使数学教育教学更贴近中小学，培育的学生更具有竞争力，同时也为应用型、创新型人才的培养做好了铺垫。

通过新模式的实践，师范生的核心竞争力得到明显加强。譬如，在教师考编、省师范技能竞赛、全国师范技能比赛、教师资格证考试、就业学生后续发展等方面，都较以往有明显的进步和提升。

2. 进一步的思考

根据教育部对师范生在校期间实践课时的要求，可以考虑在人才培养方案中适当增加实践性课程的课时总数，但是到底需要怎样的课时配置才算合理，是亟待探讨的问题。在实践基地训练期间，对于中小学指导教师的主动性和责任心问题，以及如何对他们进行有效考核等方面还需进一步研究。对校外指导教师，如何协调时间分类分层指导、如何提高待遇等，使他们能积极主动地参与培养"中学卓越教师"，也是值得探讨的问题。

5.8 "行动教育"在数学教育理论课程中的简化运用[①]

—— 以绍兴文理学院数学教育理论课程实施为例

最近几年,师范专业本科生就业日益艰难,入职考试和面试竞争越来越激烈,2015年开始师范专业的本科生也必须参加教师资格证考试,又给师范生的就业增加了一道新的门槛。如何培养出更优秀的毕业生以适应日益残酷的就业形势,成为每个从事师范生培养的教师都必须研究和实践的课题。

数学教育类课程是数学师范专业的重要课程,尤其是在师范专业本科生就业日益艰难的今天,数学教育类课程的教学更凸显其重要性。但长期以来数学教育类课程教学存在很多问题,如数学教育类课程不受重视、学生学习兴趣不大、教师的教学与中小学教学实践脱节等。从已有的研究来看,目前国内关于高等院校课堂教学的研究很少,尚处于起步阶段,而关于数学教育类课程课堂教学的研究则几乎没有。国际上关于高等院校数学教育类课程教学的研究也是缺失的。

为培养出优秀的数学师范专业毕业生,也为弥补数学教育类课程教学研究的缺失,绍兴文理学院数学教育团队总结多年从事数学教育研究及数学教育类课程教学的经验,对绍兴文理学院开设的两门数学教育类核心理论课程进行了教学改革的实践,并取得了一定成效,在此基础上进一步提出了在数学师范生培养中运用顾泠沅教授的"行动教育"模式,进行了实践尝试。

5.8.1 "行动教育"模式及其简化

1. "行动教育"模式

"行动教育"是顾泠沅教授在综合文献研究、经验总结和对改革实践深入洞察的基础上,提出的一种教师在职教育的行动性理论。如图5-5所示,"行动教育"是以课例为载体,以"专业引领"和"行为跟进"为特征,融理论学习、教学设计、行为反省为一体的"三个关注、两个反思"的操作模型。"三个关注"包含三个阶段:关注个人已有经验的原教学行为阶段,关注新理念下课例的新设计阶段,关注学生获得的新行为阶段。连接这三个阶段活动的是两轮有引领的合作反思:反思已有行为与新理念、新经验的差距,完成更新理念的飞跃;反思理性的教学设计与学生实际的差距,完成理念向行为的转移。行动教育作为一种教师在职教育的范式,表现为教师与研究人员在理念学习、情境设计、行为反省三个合作平台上有益的互动与

[①] 本节内容由绍兴文理学院俞宏毓撰写。

互补，是教师实现从理念到行为转移的一种有效方法。具体实施过程如下：第一次为教师原生态的教学，第一次课后专家、研究人员和教师共同研讨提出新的设计思路；第二次根据改进后思路教学，然后根据第二次教学情况研讨改进；最后第三次教学。

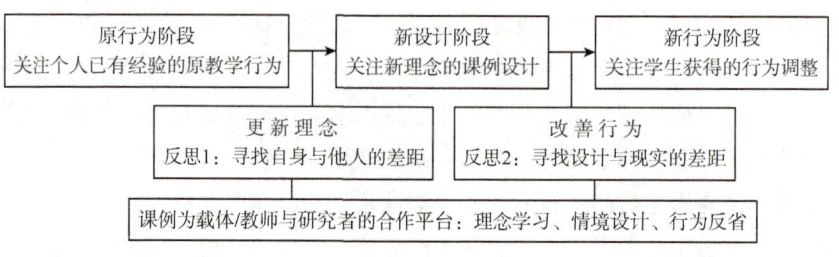

```
┌─────────────────┐   ┌─────────────────┐   ┌─────────────────┐
│   原行为阶段    │──▶│   新设计阶段    │──▶│   新行为阶段    │
│关注个人已有经验 │   │关注新理念的课例 │   │关注学生获得的行 │
│  的原教学行为   │   │     设计        │   │    为调整       │
└─────────────────┘   └─────────────────┘   └─────────────────┘
         │    ┌──────────────────┐    ┌──────────────────┐
         └───▶│    更新理念      │    │    改善行为      │
              │反思1：寻找自身与 │    │反思2：寻找设计与 │
              │   他人的差距     │    │   现实的差距     │
              └──────────────────┘    └──────────────────┘
   ┌────────────────────────────────────────────────────────┐
   │课例为载体/教师与研究者的合作平台：理念学习、情境设计、行为反省│
   └────────────────────────────────────────────────────────┘
```

图 5-5 "行动教育"的基本模式

"行动教育"模式自 2002 年提出以来，从最初的在一两所学校试点示范，到一批批普通学校和教师的涌现，最后发展到在全国建立 84 个试点实验区开展基于"行动教育"的校本研修，在国内外教育界产生了重大影响，被誉为青浦实验的第二个阶段。

2. "行动教育"模式的简化

实践证明，"行动教育"模式在教师在职培训中卓有成效，但有时候会由于教学进度等客观条件限制难以实施。顾泠沅教授指出，在具体实践中，可以将这一模式简化运用。实践中，"行动教育"可以有两种简化方式。

第一种简化方式是将第二阶段简化。也就是"新设计阶段"省略课堂教学环节，简化为教师根据第一次课后的研讨重新设计，并向专家、研究人员和同行阐述将如何教学或者采取说课的形式，根据教师的阐述或说课进行第二次研讨，研讨后教师进一步修正然后进行第三次执教。第二种简化方式是简化第三阶段。"新行为阶段"省略课堂教学环节，简化为教师根据前两次执教及研讨的结果改进教案。

5.8.2 "行动教育"模式简化运用于数学师范专业本科生培养

笔者在绍兴文理学院开设的数学教育类课程教学，以及毕业论文指导中尝试实施了简化的"行动教育"，这时的执教教师是师范专业本科生，笔者充当专家及研究人员。

1. 数学教育理论课程的"行动教育"

"数学课程与教学论"和"数学课程标准与教材分析"是绍兴文理学院开设的两门数学教育类主要理论课程,这两门课程也是数学教育类核心理论课程,其教学不仅使学生具备一定的教育教学理论水平,而且培养学生的教学实践能力。这两门课的教学,笔者除传授一定的教育、教学理论知识外,也强调教学实践能力、方法的传授,主要采取将教学实践案例融入理论教学的形式,教授学生分析与处理教材、分析学情、进行教学设计、课堂教学及说课等教学实践能力。为培养学生的教学实践能力,两门课都安排学生进行教学设计的任务,并让学生在课堂上展示。两门课各有 32 个课时,各用 8 个课时让学生展示。为巩固这两门课的教学效果,绍兴文理学院为这两门课单独配备了一定课时的实验课。利用这个条件,笔者实施了简化的"行动教育"模式,采取的是第二种简化模式,简化了第三阶段。课堂展示及教师点评为第一阶段,学生课后及时根据教师的点评改进,实验课进行第二次展示,实验课后要求学生进一步修改设计,进行"两个关注,一个反思",使师范生在一定程度上实现从理念到行为的转移。其中"数学课程与教学论"课程要求学生试讲,讲课对象为同班同学,强调讲课和板书设计;而"数学课程标准与教材分析"则要求学生撰写说课稿展示,更强调学生说课技能的培养。

两门课的"行动教育"都各经历一个学期的实践,学生普遍反映这样的以案例为载体的教学方式比教师纯理论的讲授要好,而且让学生自己进行教学设计、教学和说课,经教师点评、改进并第二次执教再改进,使他们经受如同课堂教学实践的打磨,从中收获的不仅是教学理论,更是在工作中可以直接学以致用的教学设计、分析学情及课堂教学的方法、技巧。

2. 数学教育类实训课程的"行动教育"

绍兴文理学院开设的数学教育类实训课程主要有"微格教学训练""数学课堂教学技能训练"和暑假短学期的"师范生教学技能实训 1""师范生教学技能实训 2"。实训类课程的教学主要采取学生教学、教师点评的形式,也实施了"行动教育",将"数学课堂教学技能训练"和"微格教学训练"两门课结合起来教学,"数学课堂教学技能训练"为第一阶段原生态教学,"微格教学训练"为改进后的第二阶段教学。从实施情况来看,学生从第一次课堂教学到改进后实验课的第二次教学,取得了明显的进步,第一次教学的很多问题到第二次教学时不再出现。从学生的课后反思日志及对学生随机访谈来看,学生普遍反映从这样的教学中获益颇多,不仅发现了自己教学中存在的很多问题,同时也学会了处理教材、进行教学设计、课堂教学及板书等的技能、技巧,而这些将是在以后的教师入职面试、教学工作中受用的。

"实训1"和"实训2"是以培养师范生教学实践技能为目标的暑假培训，分别在大二和大三的暑假进行，为期一周。"实训1"主要培训教案撰写、课堂教学及板书设计，"实训2"主要培训说课稿撰写、课件制作和说课。为加强实训效果，也采取了第二种简化方式的"行动教育"。

3. 毕业生论文指导的"行动教育"

数学师范专业本科生比较倾向于做数学教育研究的毕业论文。笔者对毕业论文的指导，都要求学生利用实习的机会进行教学实验，由学生担任教学实验的执教教师，笔者和实习学校的指导教师担任教学指导专家。由于实习条件的限制，教学实验采取简化的"行动教育"模式，采取的是第一种简化方式，将第二阶段的课堂教学环节省略，学生根据第一次课后的指导重新进行设计，并向指导专家阐述第二次课将如何教学，专家根据学生的新设计及阐述进行进一步的指导，学生再次改进后执教。跟常规的教学研究实验一样，课堂教学拍摄录像、进行前后观测，与学生、教师进行访谈，然后在对这些实证数据资料进行分析的基础上撰写毕业论文。经历这样一个过程，学生不仅学到一些教学方法、技巧，同时还学到一些进行教学实验和做研究及写论文的方法，对今后从事教学和教研工作都有很大裨益。

5.8.3 小结

数学教育类课程的教学问题目前受关注较少，在师范生就业日益艰难的今天，作为师范生培养主力军之一的数学教育类课程教学的教师也面临巨大挑战，需要认真钻研如何教好数学教育类的各门课程，培养出既具备一定教育理论知识又具备教学实践技能的人才。

实践证明，"行动教育"模式不仅是教师在职学习的一种有效模式，将其简化运用于职前教师的培养也有一定的成效，可以使师范生在一定程度上实现从理论到实践的转移。具体实施时可以采取给数学教育类理论课程配备实验课、两门实训类课程结合教学等方法。

第6章 卓越教师培养——协同育人模式构建

由于教师教育实践性特点，地方高师院校卓越教师培养离不开与当地中小学开展合作，协同育人。经过十多年的实践研究，项目组构建高校参与背景下中小学数学教师专业发展模式——"PET"合作发展模式，该模式不仅为地方高师院校卓越教师培养提供了很好的实践平台，同时在培养中小学教师专业发展方面也取得了一定的成效。

6.1 "PET"模式构建的必要性

6.1.1 "PET"模式构建的必要性

20世纪90年代以来，关于教师专业发展的研究已经逐渐成为教师教育研究的一个重要课题。人们已经意识到，教育改革的成败依赖于教师专业发展的水平，教师专业发展本身亦属于教育改革的内容之一，教师专业发展与教育改革相互依存，两者很难分开。教师专业发展的本质是自主发展[1]，但这并不等同于教师的专业发展可以独立完成，它还必须借助于他人及团体的力量。

然而，仔细审视目前实施的、主流的教师专业发展模式，即由地方政府发起的、指令性的教师专业发展模式和由大学提供课程、工作坊、研讨会和讲座等形式的发展模式，教师其实无法操控自己的发展计划。教师接受这种外接式的专业发展模式，其实质无异于被"规训"的过程。教师们对此所采取的态度一般都是抵制的，可能只是程度不同。因此，在教师专业发展过程中，应该设法将"自上而下的""自外而内的"各种改变计划转变为教师自己的内在需求，让教师自己去发动、指导并维持[2]。

与此同时，面向实践本身、注重主体间理解的方法论近年来在我国教育中表现突出，一方面是理论工作者以一种实践的自觉进入中小学，和中小学教师一起在中小学教育实践中开展研究；另一方面是行动研究、质的研究近年来在我国教育领域的日益兴起[3]。在此背景下，笔者所在高校研究团队经过多年与基础教育合作的实践尝试，提炼得出中小学与高校合作以实现中小学数学教师专业发展的"PET"合

---

[1] 桂建生. 中小学教师专业发展的必然选择：自主发展和专业对话[J]. 当代教育论坛，2003，12：36-38.
[2] 卢乃桂，操太圣. 论教师的内在改变与外在支持[J]. 教育研究，2002，12：55-59.
[3] 宁虹. 重新理解教育——建设教师发展学校的思考[J]. 教育研究，2001，11：49-52.

作发展模式。

"PET"合作模式通过大学教授、基础教育专家及一线教师三者紧密结合，以问题为导向，以教师课堂教学行为研究为切入点，让一线教师切实体会到开展教育研究、专业发展的内在需求，通过"文化的内在改变"，从而实现一线教师自愿进行改变，达到专业发展的目的。

"PET"合作发展模式直面课堂教学，以合作研究为范式，以教师课堂教学行为为抓手，针对具体教学问题展开研讨和协作。该模式体现着相互尊重、相互信任、共同探究、彼此沟通、平等对话、民主决策、共生共进、取长补短等特征。

"PET"合作发展模式作为推动学校变革与教师发展的一种手段，能强化教师教学专业学习，促进教师专业发展。"PET"作为教育改革的内容之一，不仅关注大学专家与教师之间的合作交流，更关注大学与中小学之间的合作关系，中小学为大学提供了教学实践、实验及教学实习的场所，达到了协同育人的目的。这种合作发展模式不同于一般的伙伴协作，因为三者有利于共同体的发展和平衡，是中小学教师专业发展的一个必然选择。

6.1.2 "PET"模式构建的意义

1. 为教师专业发展研究提供新的视野

对"PET"合作发展模式下学校发展与教师专业发展进行细致的研究，可以更加全面地研讨教师专业发展的相关理论，丰富教师专业发展的途径。

2. 为高师院校职前教师培养提供新范式

在本研究中，中小学为高师院校提供了教育见习、实践及教育实习的场所，也为在校学生提供了丰富的教学案例，为高校与中小学协同育人，实现双赢提供了很好的范例。

3. 研究方法上有一定的创新

在合作过程中，合作双方紧紧抓住课堂教学中的具体问题，以课堂教学行为研究为抓手，通过"课堂观察—录像—实录—量化分析—对比研究—得出结论"等方法开展课堂教学研究。研究中，采用了定性、定量研究相结合，自上而下、自下而上相结合的方法，为教师专业发展及课堂教学研究提供了新的研究思路。

4. 为高校与中小学合作模式的探索提供了借鉴

在本研究中，基于"PET"合作发展模式，高校与中小学合作采用了多种途径，如挂职、建立名师工作室等，为高校与中小学合作提供了有益的范式。

5. 对教师课堂教学行为进行了深度研究，为课堂教学研究提供理论和实践贡献

从教师课堂教学行为四个重要维度对课堂教学进行深度研究，构建了四个维度的观察量表，为课堂教学研究提供了重要的理论和实践依据。在中小学合作研究的基础上，构建了中学数学优秀教师的教学案例库（教学设计以及课堂教学录像），在此基础上，撰写了《中学数学教学设计》《高中数学有效教学理论与实践研究》等专著、教材，为教师专业发展提供了理论和实践支持。

"PET"合作发展模式作为教师专业发展的一种模式，是在当前复杂的改革背景下对教师专业发展的实践做出相关理论思考而创设的一种新模式，即在高校教师、基础教育专家及一线教师三者建立伙伴协作式关系下，探索如何影响教师的教学实践并促其教学行为改变，从而促进教师专业发展。

影响教师改变的力量可分为外在力量和内在力量。"PET"合作发展模式具有"外在支持"的特点，也具有"内在改变"的特征：第一，提高教师专业发展的自觉性，即由"要我发展"转变为"我要发展"；第二，合作模式为教师专业发展创设了一个动态的发展环境，为专业发展提供了催化剂、推动器。

教师是课程的最终决定者，教师是教育改革的主导者、行动者，教育改革的成败关键在教师。实践表明，教师改变是一项相当艰难的系统工程，转变教师的教育信念是促进改革真正成功的关键要素。教师改变有三个层次：材料和活动的改变、教师行为的改变、教育信念的改变。在教师这三个层次的改变中，教师教学行为的改变是非常重要的，处于承上启下的地位，教师教学行为的改变能够改变学生的学习表现，而这两者是教师教育信念改变的前提。教师教学行为、学生的学习表现、教师的教育信念相互作用、彼此影响。

6.2 教师课堂教学行为研究的四个要素[①]

教师该怎样教学才能更有效？这是教育研究者一直关注的问题。为了探究这一问题，学者们主要从教师的教学知识和教学行为两个方面，对教师的教学进行研究。教学知识的研究主要从教师的教学设计和课堂教学行为两个方面，来判断教师的有效教学都需要哪些知识，其主要目的和价值在于厘清教师有效教学所需要的知识，从而在教师教育中设置合理的课程，采取合理的教师教育方式，提高教师的教学知识水平。教学行为的研究主要从课堂观察、教学录像分析和访谈等方面研究教师的具体课堂教学行为，并了解实施这些行为的原因，研究多采用新手教师和专家教师相比较的形式，其研究目的和价值在于通过比较和分析，纠正新手教师不合理的教

---

① 本节内容由温州大学黄友初撰写。

学行为，缩短新手教师的成长周期。教学知识是教师素养的内在特征，其研究具有间接性和抽象性；而教学行为是教师素养的外在表现，其研究更为具体和直接。如今，教学行为研究已成为教育研究的重要组成部分[1]。

那么教师的教学行为多种多样，该怎么研究？该从哪些方面对教师的教学行为进行研究？这是很多研究者都曾面临的问题。研究者限于精力，对教师的各种课堂教学行为都做深入研究，显然是不现实的，比较实际的做法是选取教师使用最频繁的，对教学最有影响力的教学行为进行研究。那么，教师的哪些课堂教学行为是最值得研究的呢？通过课堂观察，以及对国内外相关研究文献的梳理，可以发现课堂提问、教学语言、教学反馈、课堂等待这四种行为是课堂教学中教师教学的高频行为，对教学效果有着十分重要的影响，它们相互联系，相互影响，贯穿于课堂教学的始终[2]。因此，可以将课堂提问、教学语言、教学反馈和课堂等待这四种课堂教学行为看作影响教师课堂教学的四个要素。以下，分别从这四个方面阐述教师课堂教学行为的研究。

6.2.1 课堂提问行为研究

课堂提问是普遍的教学行为，是教学过程中师生交流的重要渠道。很多的数学课堂活动是以提问为中心而展开的，课堂提问浓缩了教师对课堂和学生的理解，也是课堂教学艺术的浓缩。提问可以使教师了解学生的学习情况，也可以引导教师进行下一步的教学，好的问题可以让教学效果事半功倍。但是，提问也是一门很深奥的课堂教学艺术，问什么、怎么问、何时问，这些区别都会导致不同的教学效果。因此，研究课堂提问对促进教师的教学行为具有重要的意义。

一般说来，根据提问作用及认知水平的不同层次，可以将课堂提问分为管理性提问、识记性提问、重复性提问、提示性提问、理解性提问和评价性提问这六种类型[3]。提问方式有随机向学生个体提问的，有向小组提问的，有向特定学生群体提问的，有向全班同学提问的，等等。研究表明，目前中小学教师的课堂提问情况还存在不少问题。例如，有研究指出一些课堂问题存在随意性较大、识记性提问较多、参与学生较少、问题等待时间不足等问题[4]；也有研究指出，一些教师的课堂提问重数量轻质量，导致课堂教学表面热闹，而实际教学效果却不足[5]；更有研究指出一些教师的课堂提问实质上是以提问之名行灌输之实[6]。

由此可看出，对教师的课堂提问行为进行研究是很有必要的。很多学者已对此

---

[1] 林正范，徐丽华. 对教师行为研究的认识[J]. 教师教育研究，2006, 18, (2): 23-26.
[2][3] 叶立军. 数学教师课堂教学行为研究[M]. 杭州：浙江大学出版社，2014.
[4] 赵敏霞. 对教师有效课堂教学提问的思考[J]. 现代教育论丛，2003, (3): 16-19.
[5] 沈建红，郦群. 如何提高数学课堂提问的有效性[J]. 中学数学研究，2007, (7): 14-17.
[6] 李鹏，傅赢芳. 论数学课堂提问的误区与对策[J]. 数学教育学报，2013, 22 (4): 97-100.

进行了研究,包括对中美优秀中学数学教师课堂提问的比较研究[1],也取得了很多研究结果。值得一提的是,叶立军教授通过对专家教师和新手教师的课堂教学进行比较研究,厘清了合理的课堂提问时机、问题类型、提问方式、问题等候时间等,并归纳了提高新手教师课堂提问能力的策略,这对课堂提问能力的研究具有重要的参考价值。

6.2.2 教学语言行为研究

教学语言是教师教学思想的直接体现,是最基本的信息载体,它决定着教学计划实施的成败,影响着学生对教学内容的理解。可以说,课堂语言是教学活动的主要行为,是教师应具备的最基本素养,对教学效果的影响至关重要。因此,教师的课堂语言行为是研究课堂教学的重要元素。

国内外学者对教学语言行为已有较多的研究,斯金纳和斯托利亚尔等著名教育家都对课堂语言有深入的研究。20世纪70年代以后,课堂语言成了国内学者研究的热点之一。一般说来,可以根据语言的性质,将教师的课堂语言分为反馈性语言、激励性语言、启发性语言、共同重复、提问性语言、陈述性语言、命令性语言七种类型[2]。目前对教师教学语言研究的文献也很多,有研究教学语言的作用的,如有学者就教师情感性语言的价值进行了探讨[3];也有学者就目前教师教学语言现状进行分析的,如有学者研究认为教师的评价性语言比较缺乏[4]。叶立军教授通过对专家教师和新手教师的课堂教学录像进行分析,指出专家教师善于将数学知识与生活联系,追问性语言、引导性语言、过渡性语言的使用比新手教师多,其课堂语言对学生的间接影响及积极强化方面都大于新手教师[5]。这些研究成果对进一步深化教师教学语言行为的研究,以及促进新手教师课堂教学语言的发展都是十分有价值的。

6.2.3 教学反馈行为研究

相比课堂提问和教学语言,教学反馈行为对很多人来说相对陌生。教学反馈行为是指教师在课堂上,针对学生在学习中的表现,做出口头语言或者形体语言上的评判[6]。它是教师在课堂教学中经常使用的行为,对课堂教学起到控制和调节的作用,能让学生强化正确,改正错误,找出差距,改进学习方法;也能让教师及时掌握教学效果,从而达到教与学的和谐发展[7]。因此,课堂反馈行为也是研究教师课

---

[1] 周莹,王华. 中美中学数学优秀教师课堂提问的比较研究——以两国同课异构的课堂录像为例[J]. 数学教育学报,2013,22(4):25-29.

[2][5][6] 叶立军. 数学教师课堂教学行为研究[M]. 杭州:浙江大学出版社,2014.

[3] 陈光全. 活动教学中教师情感性语言的运用[J]. 中国教育学刊,2009,(3):80-83.

[4] 董雷. 教师语言评价要促进学生发展[J]. 中国教育学刊,2009,(1):75-77.

[7] 丁舒. 教师教学行为有效性研究[D]. 南京师范大学硕士学位论文,2007.

堂教学的重要元素。

反馈，也被一些西方学者认为是教师实施有效教学的关键性策略。在教学过程中，教师是教学信息的传输者，是教学的主导，但是学生也不是简单的信息接收者，他们会对收到的信息进行反馈，而此时教师就是反馈信息的接受者。教师依据这种反馈信息对自己的整个教学活动状态做出分析与判断及必要的修正和调整，同时学生也需要对教师的反馈信息进行反思和总结，并及时修正与调整自己的学习行为及方式，使自己在教学中处于一种积极的状态。可以说，教学过程就是教与学的双方利用相应的教学反馈信息，不断调整各自的行为及其方式，以有效完成教学任务、实现教学目标的过程[①]。因此，教学反馈贯穿于整个教学活动过程。

目前，已有不少学者对教师的教学反馈行为进行了研究，有研究阐述了教学反馈对教学效果的重要影响，也有学者指出，目前一些教师的教学反馈行为流于表面，甚至一些教学反馈对教学起到了负面的作用[②]。叶立军教授在研究中将课堂反馈行为分为显性和隐性两个类别，通过对专家教师和新手教师的反馈行为进行对比研究后，认为专家教师的反馈方式比较多样化，多以肯定和鼓励为主，而且专家教师对差生的反馈和表扬多于新手教师[③]。这些研究成果对于后续的研究，以及新手教师如何完善自己的教学反馈行为，都是有益的参考。

6.2.4 课堂等待行为研究

知识是经验的结果，也是思考的结果，从本质上说，学生的学习是在教师的引导下进行自我建构的结果，学生需要时间来思考和内化教学内容。在课堂教学中，教师若能设置合理的等待时间，对提升课堂教学效果具有重要的影响，尤其是在教师提问之后，根据观察留出合理的等待时间，可以让学生进行充分的思考，自主完成相应的认知加工，增加问题的"有效价值"，提高教学效率。因此，教师课堂教学的等待行为，也是研究课堂教学行为的重要元素。

国内有一些学者指出，一些教师的课堂教学缺乏课堂等待，急于求成[④]。而在国外，学者们对课堂等待行为已有比较深入的研究。例如，有学者曾对教学过程中的等待时间进行了大量而深入的研究，研究表明合理地把握等待时间，对教师的教学十分重要[⑤]；也有学者研究认为等待时间的增加可以刺激反思性的思考和学生的参与[⑥]。美国学者 Rowe 根据学生回答问题的前后表现，往往将课堂等待分为"第一

---

①② 彭豪祥. 有效教学反馈的主要特征[J]. 中国教育学刊，2009，4：54-57.
③⑥ 叶立军. 数学教师课堂教学行为研究[M]. 杭州：浙江大学出版社，2014.
④ 赵绪昌. 等待在数学课堂教学中的运用[J]. 中学数学杂志，2011，2：5-9.
⑤ Rowe M B. Wait-time slowing down may be away of speeding up[J]. American Educator，1987，11（1）：38-47.

等待行为"和"第二等待行为"[①]。叶立军教授采用Rowe的教学等待划分方法,研究表明,足够的等待时间可以提高学生回答问题的质量,专家教师更加重视等待行为,在教学中的应用次数比新手教师多;新手教师在教学中多采用"第一等待行为",而且等待时间普遍较短[②]。

虽然课堂教学等待行为已经引起了一些学者和教师的关注,但是从总体上说,这种教学行为还被不少教师忽略或者忽视。叶立军等学者开展的数学教师课堂教学行为研究,在理论论述中结合了翔实的课堂教学案例,从课堂提问、教学语言、教学反馈和课堂等待四个方面,对专家教师和新手教师的课堂教学进行比较,并对如何合理把握教师的课堂教学行为提出了相应的对策。这无论是对促进课堂教学行为的研究,还是教师在课堂教学行为的自我规范方面都具有重要的参考价值,尤其是对新手教师的专业成长,尽快生成合理的对课堂教学行为更具有指导意义的实证研究结果,可以为教学等待行为的价值性研究,以及如何培养合理的教学等待行为提供有益的参考。

6.3 基于中小学教师专业发展的"PET"合作模式研究与实践

本节从"PET"合作模式的内涵、实践、特色及成效等方面展开分析。

6.3.1 "PET"合作模式的内涵

研究团队经过十多年的实践研究发现,通过高校教师挂职、课题介入、建立名师工作室等途径,以教师课堂教学行为研究为载体,以"研究改进教学,思考促进发展"为研究主题,深度介入基础教育一线以促进教师的专业成长是一条有效的合作途径。并由此逐渐形成了由"高校教授(professor)—基础教育专家(expert)—中小学教师(teacher)"作为研究团队、由高校深度介入中学教师专业发展的"PET"合作发展模式(图6-1)。

该模式直面课堂教学,以合作研究为范式,以教师课堂教学行为为抓手,针对具体教学问题,由高校教授为引领,基础教育专家积极参与展开研讨和协作。让一线教师从中切实体会到开展教育研究、专业发展的内在需求,从而实现一线教师自愿进行改变,达到专业发展的目的。

---

① Rowe M B. Reflections on wait-time slowing: Some methodological questions[J]. Journal of Research in Science Teaching, 1974, 11 (3): 263-279.

② 叶立军. 数学教师课堂教学行为研究[M]. 杭州:浙江大学出版社,2014.

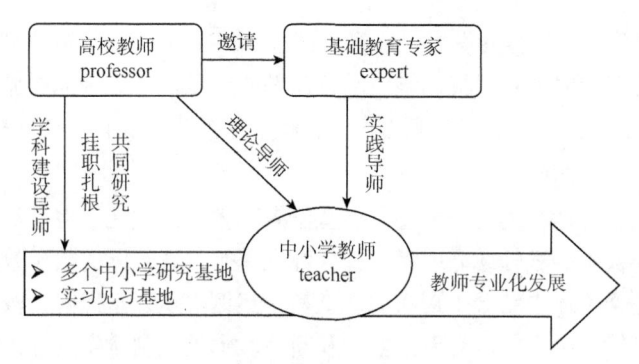

图 6-1 "PET"教师专业发展合作模式

1. 以项目介入为切入点，建立中小学基础教育实验基地

以项目介入为切入点，高校教师与中小学教师共同研究课堂教学，尤其是对教学行为进行深入分析和探讨，以更有利于中小学教师专业发展。2003年以来，项目组先后在中小学建立十多个实验基地，开展了以"数学教师课堂行为"中心课题为抓手的实践研究，取得了一定的成效。

2. 挂职扎根，长久指导

为避免大学与中小学合作流于形式[①]，研究团队采用了高校教育研究者教师"挂职"扎根于中小学试验基地的形式，长期指导该学校的教学科研工作。将中小学的科研工作与教学紧密结合，一方面可确保高校教师深入了解中小学一线教师的教学工作，更好地为其所需开展研究活动；另一方面，确保中小学教师的专业发展能够系统地、可持续地开展。

3. 建立学科建设导师，指导学科建设

高校教师以"学科建设导师"深入中小学，针对某一区域的学科发展开展研究指导工作，寻找学科内容中的开发点。在这种合作模式下，高校教师的学科教育理论可以引领中小学教师开展教育科研工作，尤其是引领中小学教师用理论和实践联系在一起的研究方式来解决问题，并将理论与实践有机地结合起来，全面提升中小学教师的专业发展。

4. 组成合作研究团队，引领中小学教师专业成长

合作团队中，高校教师作为理论导师，可帮助中小学教师理解教学的性质、专业技能及教学技能发展的过程，可以有效地引领中学教师的专业发展。同时，基础教育专家作为实践导师，可以与中小学教师分享个人教学经验，针对具体问题做出

---

① 孙丽丽. 论大学与中小学合作对中小学教师专业发展的影响机制[J]. 基础教育，2010，(12)：38.

具体分析，帮助教师抓住改进教学的着力点[①]。

6.3.2 "PET"合作模式的实践

为使"PET"合作模式有序、有效地运用于实践，研究团队坚持以教师专业发展为根本目的，以提高教学技能发展为核心，以行动研究为活动方式，在实践学校开展了如下一系列活动。

1. "请进来"，引领课堂教学行为

根据中小学数学教师课堂教学行为转变的实际需要，研究团队组织开展了"请进来"的实践活动。即根据实践学校教师在教学实践中存在的困惑，结合教学名师教学行为的特点，有针对性地邀请名师来上课、讲座，为教师们答疑解惑，并对名师课堂教学行为进行案例研讨、分析、研究。这为中小学数学教师行为提供了示范，营造了专业发展的学习氛围。

2. "走出去"，拓展教师教学行为视野

为了拓展教师教学行为视野，研究团队每学期都带领实践学校教师到省内名校进行考察学习。"走出去"活动帮助教师了解名校教师课堂教学行为特征，反思自己的课堂教学行为，从而提升自身的课堂教学行为能力。同时，实践学校数学教师通过这个学习平台也可与名校的教学团队探讨如何备课、如何上课、如何开展其他教学工作和合作，从而提高自身的教研能力。

3. "同课异构"对比课堂教学行为，促进专业思考

活动中，项目组采用两种"同课异构"活动的方式[②]。一种为新教师之间"同课异构"，共同进步。研究过程中，研究团队组织五年内教龄的新手教师展示同一教学内容。课前，组织实践学校的数学教师集体备课，以帮助上课教师更好地完成教学任务；课中，组织教师根据课堂教学行为观察量表分组进行观察；课后，双方教师讨论交流，对比课堂教学行为进行研讨。活动表明，该项活动有效地促进了数学教师的专业成长。

另一种为新老教师"同课异构"，以便新教师更好地向老教师学习优秀的课堂教学行为，老教师也可以通过活动，取长补短，相互学习，共同进步。例如，杭州市C中学有20年教龄的L老师与仅有三年教龄的W老师上同一个内容的课，经过研讨、反思，两位教师都得到了不同程度的启发，研讨气氛浓厚，有效地促进了教师的专业发展。

[①] 方健华. 名师专业成长的规律、影响因素与机制——基于名师成功人生的解读[J]教育发展研究，2011，(15-16)：70.

[②] 孙德芳. 同课异构：教师实践知识习得的有效路径[J]. 天津师范大学学报，2012，(7)：22.

4. 构建教师课堂教学行为视频案例库，促进校本教研的有效开展

实践学校教师在专业成长中，除了学习优秀教师的课堂教学行为、教学能力及成长经验以外，教师们还必须清楚地认识到自身教学行为中的不足，从而不断地自我反思、自我完善。在教学过程，由于教师无法观摩自己的教学行为，为此，研究团队为他们录制了较为典型的课例，组建了教师课堂教学行为视频案例库，供中小学教师观看、自我反省，以明确自身教学行为的不足，从而不断改进自己的课堂教学行为。

6.3.3 "PET"合作模式的特色

"PET"合作模式在实践中采用多途径、多种教师培训模式并存的方式，努力实现教师专业化的同时，提高教师自学能力，健全教师终身学习机制，实现数学教师专业发展从非自觉状态向自觉状态转变，不断提升课堂教学行为能力。该模式在研究与实践中逐渐形成以下特色。

1. 合作、共享性

合作、共享性是指在合作过程中，高校教授、基础教育专家、中小学教师分工合作中，共享教学资源，共享教学心得等。"PET"合作模式下的共享可分为个性展示、共性展示和竞争展示三种形式。高校教师组织基础教育专家或一线教师进行授课，从而体现授课教师个体的思维独特性，这种个性展示通过交流互动提升至共性展示；在三方交流讨论中，实验基地的一线教师通过由共性展示的合作又升华至竞争展示，这在很大程度上提高了一线教师的学习和竞争意识。这样多角度地挖掘一线教师潜能，使合作、共享更具全面性、多元化，合作、共享性极大地促进了教师主动地、富有个性地教学，并分享交流教学过程中的与失。

2. 研究性

在实验基地长期开展以"课堂观察—摄像—评课—录像分析—讨论—自省—改进"为形式的教学活动，实验学校数学教师，尤其是新手教师得以较快的发展。在实验基地，努力做到：①坚持以行动研究为研究取向。在数学课堂教学研究过程中，以高校研究者和一线教师共同选择教学内容、设计教案、实施课堂教学，并观察、讨论和评价课堂学习实施过程，在分析、讨论、评价和自我反思的基础上，重新设计符合学生学习需要的新的教学设计，并再次在课堂教学中实施，提高数学教师专业技能和专业能力的发展水平。②以课堂教学录像为纽带。在数学课堂教学研究过程中，以教师课堂教学录像为研究的纽带，坚持课堂观察、教学录像相结合，引导教师聚焦于对课堂教学行为的反思与分析。正是这一纽带的牵引作用，使得教师不断地在反思中成长，使得教学理论和实践交融在一起，不断产生新的教学设计、新

的教学行为和新的教学效果。

3. 互补性

互补性是指在合作中，既有高校学科教学专业研究人员、基础教育专家，又有一线教师，可以进行教育理论与实践互补。理论与实践之间倘若不是相互一体，基于教师个人的经验求得成长，那么教师的个人经验终究也不可能增长[1]。"PET"合作模式开展活动的参与对象是高校学科教学专业研究人员、基础教育专家及一线教师，三方的合作就相当于大量教育理论与丰富教育实践的结合，这既弥补了专业研究人员教育实践的缺陷，也弥补了一线教师教育理论的不足，取专业研究人员教育理论之所长补一线教师教育理论之所短，以一线教师教育实践之所长补专业研究人员教育实践之所短，以理论指导实践，以实践丰富理论，使研究人员站在更高的视角看教学，促进了教师的专业发展，提高了教学的有效性。

4. 双向建构性

教学研究有两种方式：一种是自上而下的理论演绎方式，另一种是自下而上的实践归纳方式。演绎方式是运用一定的教学理论，分析、解释和指导课堂活动，规范教学过程，增强教师教学的自觉性。而归纳方式是指依据一定的课堂观察和经验，通过反思、归纳、概括来反映教学活动规律，形成新经验、新策略，上升为理性知识，丰富教师的知识经验，从而提高教学的有效性。高校学科教学专业研究人员、基础教育专家及一线教师共同研课正是理论联系实际的中层研究，是建立在两种研究方式上的双向建构。

6.3.4 "PET"合作模式的成效

高校参与背景下的教师专业发展模式既有师徒结对的优点，又有教研活动的特色。长期的合作实践得到了些许效果，同时证明高校参与背景下的教师专业发展模式是切实可行的。

1. 转变教师工作态度

在早期的合作中，高校教师往往占以主导，而中小学教师只是被动地接受高校教师的安排，甚至无法完成教学研究工作。逐渐地，中小学教师意识到"研究改进教学"，便开始积极、主动地邀请高校教师走进中小学教学课堂，吸取高校教师的观点理论，学习研究的方法，并将研究落实到日常工作中。于是，教师的工作不再是简单地机械操作，而是在不断地创新，教师在这种创新中体验惊喜与愉悦。

---

[1] 左藤学. 课程与教师[M]. 钟启泉译. 北京：教育科学出版社，2003，281.

2. 完善教师教学行为

通过合作，新教师掌握了基本的教师技能，形成了具有独立风格的课堂教学；老教师冲破瓶颈，养成了勇于探索的思辨分析精神，能够对教材、教学内容有自身独到的见解，在课堂教学中透射出个人的闪光点。近6年来，试验学校教师在各级教学展示或教学论文评比中屡获佳绩，获省级比赛二等奖1位，市级比赛一等奖1位、三等奖2位，区级一等奖1位，二等奖8位，三等奖10位，另有一位教师获市教坛新秀称号。

3. 提高教学效果

教师专业发展的最终目的是提高教学效果，而教学效果最直观的表现是学生成绩。在高校数学教育研究者与杭州A学校进行长达一年的合作后，A学校的七八年级期末成绩和中考成绩均超过了B学校（同一教育集团实验学校，师资力量、学生成绩一直优于A学校）。

4. 创新研究方法

在合作过程中，合作双方高校教师与一线教师紧紧抓住课堂教学中的具体问题，以课堂教学行为研究为抓手，通过"课堂观察—录像—实录—量化分析—对比研究—得出结论"等方法开展课堂教学行为研究。研究中，采用了定性、定量研究相结合，自上而下、自下而上相结合的方法，为教师专业发展及课堂教学研究提供了新的研究思路。其中，自上而下指在研究过程中，以教师教学行为相关理论为基础拟订一个研究模型（即将教师的各种行为进行分类），然后把这个模型作为标准对照教师的教学行为，选取课堂教学中高频的教师教学行为作为研究变量，即课堂提问、教学语言、教学反馈、教学等待，并结合相关理论及视频分析结果制定各教学行为观察量表。自下而上则指以调研、师生访谈的方式，通过对教师课堂教学行为进行个案研究，归纳总结出教师在数学课堂教学中出现的高频教学行为。

6.3.5 进一步思考

在上述实践活动开展过程中，项目组发现为了能取得更好的实践效果，高校与中小学在合作中应注意：高度重视发挥优秀教师的专业知识和专业技能；尽可能为教师提供不同的学习形式，包括偶然学习、隐形学习和有意义学习；重视示范、实践及反馈等活动中的作用，使教师逐渐掌握教学技巧，并提高对各种教学方法进行思辨型实践的能力；重视中小学教师在理论和实践方面的学习。

当然，在实践中仍存在一些问题值得我们去思考。在实践中发现部分中小学一线教师往往只顾埋头苦干，很少有时间思考或者不知如何思考自己的专业发展问题；

同时，还存在着"职业高原"现象[①]，教师满足于已有技能，进行单调重复的教学，对教学工作缺乏积极性、主动性。高校教师如何提高一线教师的积极性，引领他们自主研究教学，并将研究活动常态化是一个值得探讨的问题。此外，教师专业发展是一个持续的发展过程，教师在不同的职业生涯阶段的需求不同，那么如何为处于不同职业生涯阶段的教师提供不同的专业发展内容是一个值得引起关注的课题。

虽然本书是基于中学数学教师专业发展学科教学能力培养方面的研究，但也不禁思考如何提高高师院校各类研究者的参与度，毕竟高校教育研究者有限，合作面比较窄，只能集中精力在几个合作学校，如何实现以点带面，不断地扩大受益教师面，也是今后研究努力的方向之一。

6.4 利用视频案例开展职前数学教师技能培训改革的实践探索

随着现代教育技术的飞速发展，教育信息化正如火如荼地开展，现代教育技术在教育领域的广泛应用，为教育改革和发展带来了新的机遇和挑战。课堂教学改革的成功与否，很大程度上取决于教师课堂教学行为是否转变。职前培养在教师培养中起着十分重要的作用。如何有效地运用现代教育技术对职前数学教师课堂教学行为进行培训，以促进数学教师专业化发展，是切实提高职前教师培养质量的重要问题，也是当前高师院校必须着力研究和急需解决的问题。

然而，当前职前数学教师培训还存在以下问题：①长期以来，由于受"重理论轻实践"观念的影响，师范生往往是在脱离现行中学数学教学的状态下学习一般的教学理论，导致师范生对基础教育的教材、学生不熟悉，更不了解当前的数学课堂教学情况及数学课堂教学改革现状；②"数学学科教学论"课程因缺乏优秀的案例，学生对该课程不感兴趣，教学效果差，师范生讲课、备课、评课等课堂教学技能薄弱；③师范生用于微格教学时间短，同时微格教学时师范生分组在各个小教室，一个指导教师同时需要关注多个微格教室，不能达到预期的训练效果。本书针对这一情况，借助视频这一现代教育技术工具，对职前数学教师培训方式进行了有益的探索和实践。

6.4.1 研究背景

自 1963 年首次在斯坦福大学运用便携录像设备于微格教学训练之时起，现代化的视听设备便在课堂教学研究中显示出其特有的魅力。20 世纪 90 年代以来，录像

---

① 连榕，张明珠. 教师成长中的"职业高原"现象之有效应对[J]. 教育论坛，2005；3：25-27.

分析的方法受到课堂研究者的青睐。通过录像，研究者可以结合质和量的研究方法来分析课堂教学的过程，发现一些新的教学理论，从不同视角进行分析和解读。由洛杉矶课堂研究实验中心（Los Angeles Lessons lab centre）领导的，分别在 1995 年进行的第三次国际数学和科学研究 TIMSS（the international mathematics and science study）的录像研究和在 1999 年进行的第三次国际数学和科学研究的追踪研究的录像研究，它们一个是以量的研究为基本范式，另一个是以澳大利亚墨尔本大学国际课堂研究中心（international centre for classroom research）领导的"学习者视角的研究"LPS（learners' perspective study），虽然同样采用录像分析技术，但它以质的研究为基本范式。

另外，使用录像分析方法对课堂中的基本要素，如课堂提问、学生错误处理、教学任务分析和教学法表征等进行分析，取得不少成果。此外，也有研究者使用录像分析方法对如何使用录像或视频案例进行教师培训研究。

与此同时，案例知识是教师必须掌握的实用知识的一部分。从 20 世纪 50 年代后期到 70 年代中期，受其他学科及教育学科研究中定量化、系统化、结构化潮流的影响，研究者们不断探索系统的观察记录体系，开发了众多的观察工具，并利用这些观察工具和体系对课堂进行研究。这些工具的开发为教师对课堂教学进行客观的自我评价提供了很好的工具和手段。在众多工具中，视频案例是一种新颖的、行之有效的观察方法。

视频案例作为国际上研究课堂的新潮流，正成为课堂教学研究中具有独特优势的有效途径。它可以使观看者把握围绕课堂教学前后的多种信息、获得整体性理解，能够有效地记录学生课堂参与的过程，具有较高的研究价值。

简单地说，视频案例就是将文字记录的案例改用视频技术记录的案例。视频案例除了具备传统文本案例的特点外，与传统的文本案例相比更客观、更生动、更具体。国外在视频案例的教育应用方面的研究已经有很多案例，比较著名的是美国的 TIMSS 项目。该实验项目就是采用视频记录课堂的方法，然后对课堂教学过程进行多人、多角度的分析，从而对课堂教学进行客观的评价。

本研究主要采用的方法是通过视频录像拍摄这个教学过程，然后将录像转化成文本实录的形式，制成完整的教学案例，然后统计出各种语言及停顿时间，再根据数学课堂教学语言编码量表进行数据分析。本研究的数据来源于真实的课堂教学，真正通过"聚焦课堂"来获取真实的信息。而视频录像的方法一方面可以提供丰富的、真实的、分层的建构主义学习环境，为教师提供直接观察课堂上所发生的事件的机会。这种真实的情境对教师的刺激是全方位、多感官的，可以极大地扩展他们的认知空间，从而激发教师在行动基础上的深入反思。另一方面可以将理论以多种方式嵌入实际的课堂教学实践中，从而为教师提供在行动中观察理论的机会，有利于提升案例讨论的理论水平和教师理论反思的深度。

6.4.2 理论基础

行为主义的代表人物斯金纳提出了操作条件作用理论。该理论认为，学习就是行为的改变，并可受外界条件的作用而强化或改变，行为是可观察的。斯金纳主张改革传统的教学方法，实行程序教学，积极控制学习行为。斯金纳的行为主义观点成为美国 20 世纪 60 年代师资培训方式改革的直接理论依据。

澳大利亚悉尼大学的克利夫·特尼认为，基本教学技能是课堂教学中教师的一系列教学行为。斯金纳强调塑造技术，以行为主义的学习观来理解教学行为，即掌握教学技能的最好办法是将其分解为若干子成分，在分别掌握每个小步骤后又将其整合起来，使之相互协调和有机联系。由此可见，数学教师可通过分解数学课堂教学技能来具体掌握其知识，将其分解为若干小步或技能，在掌握每个方面之后再将它们整合起来，使整个教学行为系统显示出最大的功效。

行为主义心理学认为，行为的习得是一个反复刺激、强化、巩固的过程，一项复杂的行为或目标，可以分解为若干个小的行为或目标。从行为学角度来看，教师行为研究的重点是教师教育教学实践中外化了的组织行为、技术活动和教育教学行为的基本方式。这种研究具有外显性研究的特征，认为教师行为是可以观察、可以分解的，并且是可以进行分析并加以改善的[1]。微格教学和教师行为训练的实践证明，教师行为是可分解的、可训练的[2]。黑龙江农垦师范专科学校的研究者在微格教学的影响下，就"师范生教师行为分解训练"进行了多年的研究[3]。他们认为，通过训练可以实现教师职业的专门化和技术化，同时他们把教师行为训练内容分为三部分：教学基础行为训练、教学技术行为训练、教学组织行为训练。他们采用案例分析法、个别训练法和角色扮演法等方法进行多次综合的训练，取得了预想的效果。在基础行为训练方面，实验组被试 100%达到了要求。

6.4.3 实践过程

1. 利用现代教育技术拍摄中小学优秀教师的课堂教学录像

借鉴 TIMSS Video Study 的录像编码和视频案例研究，项目组采用了录像分析的研究方法。利用"同课异构"的方式，通过现场观察和录像拍摄相结合的方式记录优秀数学教师的教学录像，学生反复观看录像，对教师行为进行比较分析。

1）建立基础教育实验基地，严格按照标准选择优秀数学教师

2003 年以来，项目组先后在浙江杭州、台州等地建立了十多个基础教育实验基

---

[1] 傅道春. 教师组织行为[M]. 上海：上海教育出版社，1993：2.
[2] 周鹏生. 教师非言语行为研究简论[M]. 北京：民族出版社，2006：142.
[3] 傅道春. 师范生教师行为训练的设计与实践[J]. 黑龙江农垦师专学报，1997，（1）：6-9.

地，将实验基地优秀数学教师作为研究对象。优秀的教师必须熟悉自己的专业及教学方法，能系统地思考自己的教学，并从经验中学习，同时关注学生、带领学生学习。优秀教师的标准为：一是从事教学工作十五年以上的教师；二是具备高级职称且获得教学荣誉的教师；三是在所任教的学校有着良好的教学业绩和教学口碑的教师。

2）选择优秀教师拍摄课堂教学录像，制作视频案例，建立资源库

在课堂教学录像收集过程中，严格按照标准制作视频课例。具体步骤：选择教师—听课—录像—评课—与教师交流—收集相关资料—制作课堂视频。

在课堂拍摄过程中，项目组用两台摄像机分别从教师和学生两个角度对整堂课进行拍摄，为了尽可能多地捕捉教师提问时的肢体语言变化和学生表情特点等用文本和音频工具无法记录的细节。然后将拍摄的内容反复观看，进行三次整理。第一次整理：将整个教学过程用文本的形式记录下来。除记录下教师和学生的语言外，对课堂环境和教学环节进行辅助描述。第二次整理：记录下教师讲授和学生反馈的起止时间、停顿时间。第三次整理：添加一些教学细节，如教师走动的路线、面部表情、一些特别的语音语调等。

同时，建立了"数学学科教学论"教学网络平台，将优秀教师的课堂录像及课堂实录制作成教学资源，并放在网络平台上，供学生课后观摩。

2. 让学生对录像进行点评，提高学生的评课、研课能力

让学生观看课堂录像，并对课堂教学进行评价，同时让学生参与课堂教学研究，对整节课进行实录，实录内容包括教师和学生在课堂中的所有教学活动语言，并记录每个活动相应的时间；对教师课堂教学、学生参与行为进行分类。统计出每节课中学生各种行为发生的次数和相应的时间。

3. 利用现代教育技术拍摄实习生的课堂教学录像

在师范生实习阶段，项目组利用视频案例的制作要求和方法，分别对实习生的课堂教学进行录像，让实习生之间进行互评，实习生对照自己的课堂教学撰写教学反思，同时也将同一个实习生几天的课进行比较。通过这样的方式，实习生的教学技能得到了提升，同时也提高了反思能力。学生通过自己对教学行为进行反思，让未经内化的理论逐渐转化为教学能力，从而提高课堂教学技能。

4. 利用现代教育技术拍摄师范生自己的试讲录像

在"数学学科教学论"课程教学中，要求学生试讲，并按照视频课例制作要求拍摄学生的模拟课堂教学录像，让学生自己观看后撰写教学反思，并将自己的课堂教学行为与优秀教师的教学行为进行比较，不断改进自身的教学行为，从而提高自身的教学技能。

5. 利用现代教育技术对师范生课堂教学行为进行分项训练

教师的教学行为是一个极其复杂的过程，为了更好地研究该过程，项目组将教师教学行为进行分解，并选择其中课堂提问、教学言语、教学反馈及课堂等待这四个重要的教学行为进行分项训练。在师范生教学技能训练中，项目组坚持"以任务为驱动，理论与实践结合，以评促学，逐个突破"的原则。

项目组又将每个行为进行分类、编码研究，制定出各个教学行为的观察量表。例如，根据提问作用以及认知水平的不同层次，在Bloom认知领域分类的六个层次，在识记、理解、应用、分析、综合、评价的基础上，结合课堂实录中数学教师提问的作用和目的，将Bloom的六个层次拓展为识记、管理、提示、补充、重复、理解、评价七种类型[1]。又如，在借鉴美国教育家内德·弗兰德提出"Flanders互动分析系统"，将师生教学语言互动分为十种类型[2]的基础上，结合课堂观察和录像分析，研究者将教师的代数课堂语言分为反馈性语言、激励性语言、赞成启发性语言、提问性语言、陈述性语言、命令性语言和师生共同重复语言七种类型。在这些分类的基础上制定出教学技能观察量表及考核标准。

在训练过程中，要求学生每一段时间按照四个教学行为进行分项训练，每项训练都根据考核指标进行逐个考核，考核合格才能进入下一阶段的训练。

实践表明，运用现代教育技术工具改革师范生教学技能训练方式，能够提高师范生的教学技能，不断优化师范生的教学行为。同时，研究发现，近两年来，师范生多次获得学校、省，乃至全国教学技能比赛奖励。在就业中，学生的教学技能也得到就业学校的认可。同时，学生自己按照视频课例要求拍摄录像，能够提高现代教育技术应用能力和水平。

6.5 教育实习给地方高师院校数学教育本科教学改革的启示

研究团队在"PET"合作模式的实践过程中构建了多个旨在促进中学数学教师专业成长的中学实践研究基地，这些实践研究基地同时也是高师数学师范生的实习基地。教育实习作为高等师范教育、教学工作的重要组成部分，不仅是培养合格教师的重要环节，也是高师院校学生必修的一门综合性实践课程。项目组在调查中发现当前教育实习亦存在一些问题值得思考，这也给高师数学教育本科教学改革带来了一些启示。

---

[1] 叶立军，斯海霞. 基于录像分析背景下的代数课堂教学提问研究[J]. 教育理论与实践，2010，8：41-43.

[2] FlanBers N A. Analyzing Teaching behavior ReaBing[M]. MA：ABBison-Wesley，1970：34.

6.5.1　地方高师院校数学教育本科教学改革的背景

高师生作为未来的中学教师，经过中学和大学的学习，尤其是通过教育学、心理学、教材教法三课的学习，对中学数学教材中的基础知识、基本理论和教学基本技能有所掌握并能初步运用，但是仅具备这些知识和能力是远远不够的。作为一个优秀的教师，不仅要对教学内容及其体系做到深刻理解、灵活运用，还应掌握其中的数学思想方法及寓于教材中的教学理论、观点和方法，只有这样才能从教材的教学目的要求、指导思想出发，根据学生的年龄特征、认知特征创造性地组织教学活动，才能广泛地调动学生学习的积极性和认知的主动性，切实提高教学质量，培养学生的思维能力。

教育实习作为强化三课教育的途径，是使师范生能尽快完成从学生向教师的角色转换，进入教学状态的渠道，是一项非常基础的工作，是从事教学工作及开展教育科学研究的非常重要的准备，是课堂上很难学到的实践知识和教学技能，甚至关系到高等师范院校人才培养成功与否这一关键问题。

长期以来，由于受"重理论轻实践"的观念影响，学生往往是在脱离现行中学数学教学状态下学习一般的教学理论，教育实习时一下子进入临战和实践状态，很难用所学理论指导实践，不能尽快地完成从学生向老师的角色转换。具体表现如下。

1. 课堂教学缺少与学生的沟通

在课堂教学过程中，有些实习生总是面向黑板背对学生讲课，不能观察到学生的面部表情，掌握学生的心理，做到与学生沟通。当学生没听懂时不能及时讲解清楚，在让学生回答问题时，看似简单的问题，学生由于缺乏经验或是思维不成熟，不一定答得出，实习生由于不了解学生的心理，不能及时给予正确的引导和提示，启发学生将问题答出。

2. 处理问题轻过程，重结论

曾有过这种情况：一个实习生在证明一个线面垂直的问题时，一上来就用线线垂直推出线面垂直，又从线面垂直推出线线垂直，推来推去，最后得出结论。解题思路不明确，学生听得满头雾水。

这种在提出问题后没有任何分析的基础上就直接写出证明过程的教学方法，是一种轻过程、重结论的教学方法，会使学生面对问题呈现的信息不知如何去寻找解决问题的"切口"，不利于学生能力的培养和创造性的发挥。

3. 教学语言不易做到科学性

科学性是数学科学理论的基本特点，它要求数学结论的表述必须精练、准确，而对结论的推理论证则必须步步有根据，处处符合逻辑理论的要求。高一几何课中求两条异面直线所成的角时，需要先做出这个角，然后再求。在说明某个角为两条异面直线所成的角时，还要注明某个角（或其补角）为两条异面直线所成的角，实习生往往会忘记这一点。

在讲课过程中，不太注意使用规范性的语言。比如，x^n读成"x 的 n"或"x n"，"公式"说成"式子"，定理、推论、命题混用等。

4. 课堂板书计划性不足

板书是教师的基本功之一。每一堂课的板书要做到工整、系统、重点突出、层次分明、安排有计划。部分实习生在刚开始上课时板书略差，存在着诸如计划性差、结构不合理、板书繁简不当、应有的解题步骤没有等问题。在几何教学中，几何图形不够直观、立体感不强，图形的重点部分不够突出。黑板的使用不够合理，跳跃式地乱用，或是见缝插针式地乱写。

5. 习题的选择较难掌握其层次性

习题在数学教学中有着特别重要的作用。讲课的例题、布置给学生的练习题都要做精心的选择和安排，要充分考虑每一个例题和习题所必须起到的示范作用和启发作用。所以习题的选择要有层次、符合认知规律，即遵循从易到难、由简到繁的规律。在实际操作过程中，实习生却不易做到这一点，需要在指导老师的指导下，反复筛选，才能最后选定。

6. 综合素质有待提高

文化素质教育是大学生全面素质教育的一个重要组成部分，是智育也是德育的重要内容，同时还是陶冶学生高尚情操、培养优良心理素质的重要方面。作为未来的中学教师，仅具有科技素质是远远不够的，还应有一定的文化素质修养。

目前，许多中学都有多媒体教学系统，师范生需要加强计算机多媒体技术的学习，应能够制作多媒体教学课件，并能熟练使用多媒体进行中学教学工作。

6.5.2 地方高师院校数学教育本科教学改革的必要性

众所周知，教育实习在高师院校数学教育本科教学中起着非常重要的作用，实习生非常重视实习，然而在实习中却表现出许多不尽如人意的地方，主要表现在以下几方面。

（1）缺乏教学案例，在实习中学生无所适从。

（2）数学语言能力差。

（3）实习学校教师不放心，缺乏应有的锻炼时间。

（4）课堂教学处理能力差。

（5）初等数学基础差，在课堂教学中出现各种各样的错误，甚至出现概念性等知识错误。

（6）缺乏现代教育理念，课堂教学不能体现现代教育理论。

教育实习是师范教育的主要必修课之一，是高师院校专业教学计划的有机组成部分，是为基础教育培养合格教师的重要环节。教育实习可以提高师范生综合运用所学专业知识、教育理论知识及基本技能的水平，培养其从事教育教学工作的能力。

教育实习既能使师范生全面了解基础教育的现状，又能检验高师院校教育教学的质量水平，从而使我们有针对性地进行教育教学改革，以适应基础教育发展的需要。

随着基础教育改革的不断深入，我们应该充分意识到教育实习不只是传统意义的一个教学环节，更是一个教学过程，而且与其他理论课一门一门结业不同，它是师范生整个在校期间（包括寒暑假）都要不间断地进行的最为完善的教学过程，是包括教学技能训练、教育见习、教材教法研究、模拟教学和教学实践等内容在内，并由此形成的大教育实习观指导下建立起来的全程教育实习模式，其最大特征就是全程。

数学教师教育课程的基本结构大致由普通文化知识课程、数学专业知识课程、教育学科课程、教育技能课程和教育实践课程构成。普通文化课程和数学专业课程是数学教师教育的基础性必备课程，教育学科课程、教育技能课程和教育实践课程是数学教师教育专业的标志性课程。一名数学教师只有具备了这五个方面的知识结构才能成为一名合格的数学教师。高师本科数学教育是当前培养中、小学数学教师的主要方式。高师数学专业课程设置是影响着中、小学数学教师专业化质量的主要因素之一，但当前高师数学专业课程体系存在着不少弊端，归纳起来为"旧、窄、杂、空"。

6.5.3 地方高师院校数学教育本科教学改革的启示

1. 改革课程设置，建立导师制

加大教育实践课程在高师数学教育本科课程中的比例。教育实践课程包括教育见习和实习，在教育类课程中占有特殊的地位，它是师范生理论联系实际的重要途径，是师范生综合运用所学的知识、技能解决实际问题的过程，是师范生在具体、真实的教育情境中感受由学生到教师的角色转换，逐渐培养教师的职业意识、职业情感、职业道德、职业技能及职业能力的过程。由于教育见习、实习在培养未来教师中具有特殊作用，所以当今世界各国的师范教育都非常重视改革和加强教育见习和实习，纷纷提前和延长教育实践的时间。总括各国的经验，一般师范生的教育临床实践时间平均不少于三个月。相比之下，我们所安排的教育见习、实习时间太短，且集中在临近毕业的一个学期，难以使学生真正地体会和了解教师工作的方方面面，基本上流于形式，因此要切实改变这种状况。为此，一要加大时间分配，二要合理地安排，使教育见习、实习贯穿于第一、二、三学年，保证学生有充足的时间和精力来了解中学教师的实际工作情况，真正地理解具备怎样素质的教师才是合格的教师，从而有效地发挥教育见习、实习的功能。

上述改革教育类课程的设想要能够在实际中得以实施，相应的配套措施还必须跟上，这就要扩充教育类课程的教学时数，增加其在高师总体课程中所占的比重。不解决以往教学时数的有限性和必需的教学内容的丰富性之间的尖锐矛盾，改革还会回到原来的老路子上去，教育类课程还会再次成为师范教育的"点缀"，而不能发挥出它应有的实际作用。因此，增加教育类课程的课时量是必然的。

开设中学教学实践课，将中学教学实践课正式列入教学计划，使课程成为师范生在校期间的一门系统性、持续性、实践性强的课程。课程要求：①新生入校每人即配发一套与本专业对口的初中教材，并分成若干教学实践小组，每组聘请一名指导教师；②每周固定一个下午为教学实践课时间，纳入教学计划，有指导地进行备课、小组讲评、大班比赛等形式多样的模拟教学训练；③利用农村中学寒暑假开学早、高校开学晚的时间差，在寒暑假进行教育见习、教育实习等教学实践活动，让学生在校期间结合不同阶段的特点，在指导教师的具体指导下，有针对性地持续进行不同形式的准教师训练，使师范生在校期间实现向合格教师的转化，有效地缩短了师范生毕业从教后普遍存在的教学不适应期。

2. 完善教育见习管理制度，开展形式多样的教育实习

建议实习分阶段进行。传统教育实习形式上基本采用"放羊式"或"集中式"或两者兼而有之，而且是毕业前的一次性突击实战演习；而全程教育实习则是以中学教学模拟和实践课为纲，从新生入学第一天起即行实施，包括教师基本功训练、教育见习、教育调查、教材和教法研究、模拟教学、教学实践、教育试实习及教育实习等活动，采用小组训练、大班大赛、全校未来教学明星大赛、模拟实习和混编小分队实习等方式，是课内教育实习和课外教育实习、校内教育实习和校外教育实习、有形教育实习和无形教育实习的集合体。

3. 在中学建立稳定的教育实习、实验基地

高师院校在中学建立稳定的教育实习、实验基地是培养具有良好素质的教师的重要保障，建立教学案例库。要把实习基地的建设与学校的基础教育研究实验点建设相结合。办学宗旨之一是为基础教育服务，基础教育研究将是学校发展的重要方向之一，基础教育研究也需要选择相关的中学作为改革实验基地。实习基地的建设不仅仅在于满足学校实习工作的需要，而且要立足于不断提高学校和实习学校的教

育教学水平。通过学校相关项目的基础教育改革研究的试验，帮助实习学校分析存在的问题、解决教育教学及管理方面的难题，提高办学的整体水平，使学校和实习学校共同发展。

4. 针对一些重要概念加深理解，加强数学语言训练

加强初等数学研究课程的教学。"初等数学"的内涵随着数学的发展在不断变化，它不是一个静态的固定的内容体系，而只是一个相对的概念（比如，今天初中平面几何所讲授的内容，在古希腊欧几里得时代就是大学生学习的内容）。传统的初等数学研究课程的内容要调整，对初等数学从内容到理论体系、知识结构、教授方法有一个系统深入的研究，可以改变"上了大学忘了中学"的状况，也为学生将来当数学教师做准备。

数学交流离不开数学语言。数学语言是在数学思维活动中产生和发展起来的，是数学交流的基础和工具。数学交流是运用数学语言，以听、说、读、写等方式接受和表达主体对数学的认识和情感的一种活动。数学交流能力是迅速、有效、合理地进行数学交流活动的能力。运用数学语言进行表达的能力的高低，在一定程度上能够反映学生思维是否准确、迅速，是否能有条理地选择并提取对解决数学问题有用的数学资料。只有在数学语言内化为数学认知结构，直接利用数学语言存储信息和推理之后，才能在口头和文字表达中做到准确、敏捷地阐述自己的思想和观点。在继承以讲授法为主的传统的教学方法的同时，增加数学交流的成分，充分重视数学交流，多为学生提供交流、合作和实践的机会，就能够使学生在牢固掌握基础知识和基本技能的同时发展创造性能力。

5. 学科教学论教师要加强自身素质的提高

一方面，要了解信息，尤其是国内外教育动态，在课堂上进行教学改革；另一方面，更重要的是进入中学了解信息，参与中学教学改革。

6.6 地方高师院校数学师范生"四协同"培养模式的探索与实践[①]

——以湖州师范学院数学与应用数学专业为例

教育部颁布的《义务教育数学课程标准（2011版）》指出："数学素养是现代社

[①] 本节内容由湖州师范学院唐笑敏撰写。

会每一个公民应该具备的基本素养[①]。"以培养中学教师为己任的地方高师院校,在培养适应基础教育改革与发展需要的高素质人才方面,具有义不容辞的责任。

湖州师范学院数学与应用数学专业主要培养德、智、体、美全面发展,具有牢固的专业知识、扎实的实践能力、强烈的创新意识、深厚的人文底蕴和宽广的国际视野的中学数学教师。自 2003 年获批省高校首批重点建设专业以来,数学与应用数学专业就以"厚基础、强实践、重职业、显特色"为指导思想,紧紧围绕"如何培养中学优质数学教师",创新以专业化发展和可持续发展为主线的人才培养模式,推进师范教育向现代教师教育转型,开展了一系列专业建设与改革工作。

6.6.1 数学师范生协同培养模式的探索

2003 年以来,结合地方高师院校、数学专业与学科的特点,专业建设与人才培养逐步形成了"协同创新"的有机整体,探索出了人才培养模式改革的有效途径。

1. 大学与中学的协同共育

数学专业建设定位于为基础教育提供人才支持和智力支撑。为此,专业建设始终坚持和弘扬数学教师教育特色,依托优质的地方基础教育资源,校地共育,构建地方高师院校数学师范生"嵌入式"培育体系,使人才培养模式紧贴、服务和引领基础教育。

(1) 建立"接二连三"机制。"接二"指大学数学教师、数学师范生进中学,"连三"指中学数学教材、中学数学名师、用人单位进大学;建设紧密合作型实践基地,与地方教研室、中学密切合作,在培养方案中着力建设中学数学教育理论"嵌入式"课程,强化中学数学教育实践教学"嵌入式"环节,构建数学师范生职业品格与职业能力的"嵌入式"培育体系。

(2) 实施"双导师"制。打破理论知识和实践工作的界线,拜师学教,为每个学生配备校内专业指导教师和校外实践指导教师,构建数学专业理论培养与数学教师专业技能培养相叠加、校内培养与校外实践相嵌入的"叠加嵌入"培养模式,实现学生学术水平和教师教育专业水平的同步提升。

2. 基础课程与专业课程的协同建设

课程体系和教学内容是人才培养模式改革的核心部分。数学专业建设必须以课程群建设为落脚点,不断整合各门数学课程,更新教学内容与教学方式,使课程群联动、点线面结合,构建合理的课程体系。

[①] 教育部. 义务教育数学课程标准[Z]. 北京: 北京师范大学出版社, 2011.

（1）构建"3+X"课程体系。紧紧围绕"数学专业基础课程群、现代教育理论基础课程群、数学信息技术应用基础课程群"这三大主干基础课程群，不断优化课程体系，整合教学资源，使学生得到"最适教育"。同时，开设各类选修课程，让学生自主修学感兴趣的课程（"X"），使他们获得"最佳发展"。

（2）建设数学精品课程群。立足于数学专业核心课程，以精品课程为抓手，从分析、代数、几何三条主线出发，协同推进，形成以国家级、省级、校级精品课程为轴心，具有鲜明特色的地方高校数学精品课程群。

3. 数学教师与未来教师的协同发展

人才培养模式改革的对象是学生和教师，师生的协同发展必然要融入专业和学科的建设之中。作为学校的品牌专业和学科，湖州师范学院一贯重视数学学科与专业建设的融合，力求使之齐头并进，为人才培养模式改革奠定坚实的基础。

（1）实施"二名三高"行动。开展"名师、名课"和"争高级别项目、建高层次平台、出高水平成果"的"二名三高"行动，建设一支学术水平高、教学能力强的"双优型"数学教师队伍，为培养未来数学教师提供强有力的支撑。

（2）推行"三个一"计划。要求教师在三年内至少"指导大学生科研项目一项、指导学生公开发表论文一篇、公开发表教研论文一篇"，师生联动，有效耦合科研、教学、育人，为面向学生的"一班一研一赛一文"制度提供强大的后盾。

4. 数学性与师范性的协同共进

现代教师教育理念蕴含着专业化发展、可持续发展和终生化发展的内涵[1]。大学阶段要以培养学生获取知识、应用知识的能力为目标，着力于"数学性"与"师范性"的协同共进，使学生具备过硬的教学技能、扎实的实践能力、强烈的创新意识，培养探究型的中学数学教师。

（1）启动"一班一研一赛一文"制度。依托国家特色专业、省高校重点专业和重点学科，以数学专题学习班、数学科研立项、数学学科竞赛、本科毕业论文为抓手，培养学生的应用能力，增强学生的创新意识。

（2）举办"数学名家、名师系列讲座"。以彰显数学魅力、提高学生素质为目的，定期邀请国内外数学名家、名师进课堂为学生作学术报告或开展课堂教学，提高学生的数学素养，使学生具有开阔的国际视野。

（3）开展"五能三字一话"训练。"五能"指数学课堂教学能力、实践活动指导能力、班主任工作能力、数学教研能力和现代教育技术运用能力，"三字"指毛笔字、钢笔字和粉笔字，"一话"指普通话；要将师范技能训练贯穿于日常教学，四年不断线，使之常态化、制度化、规范化，积极为学生创造视、听、行、动脑、动手、动

---

[1] 雷丹. 现代教师教育理念与高师发展走向[J]. 华南师范大学学报，2004,（5）：125-129.

口的教学实践机会。

（4）实施"一训二赛"活动。"一训"指中学数学"千道题"训练，"二赛"指中学数学竞赛、中学数学师范技能竞赛；要通过定期开展的"一训二赛"活动，不断提升数学师范生的职业能力。

6.6.2 "四协同"人才培养模式的实施成效

1. 学生的核心竞争力有了极大地提升

人才培养新模式已在 11 届本科生中实施，1000 多名学生直接受益，培养了社会所需的中学优秀数学教师，深受用人单位欢迎。数学专业平均就业率达 97.73%，在省内高校同类专业中居于前列；涌现出一批获得全国高中、初中青年数学教师优秀课观摩与评比活动一等奖的优秀毕业生。

2. 学生的应用能力和创新意识得到显著提高

学生先后考取中国科学技术大学、浙江大学、湖南大学、山东大学和同济大学等高校的硕士研究生，在国内外公开发表论文 120 余篇，在全国大学生数学竞赛、全国大学生数学建模竞赛、省高等数学竞赛、省统计调查大赛等竞赛中获国家一等奖、二等奖和省一等奖共 80 余项。学生进一步深造，获德国哥廷根大学、法国巴黎第六大学、美国埃默里大学等著名大学的博士学位，扩大了湖州师范学院数学专业在国内外的影响力。

6.6.3 思考与建议

人才培养是一项凝聚了集体智慧和力量的工程，不是一朝一夕、一蹴而就的事情，需要全体教师无私的投入与奉献，需要长年累月的积累和创新。目前，地方高校数学专业的建设和发展又面临着许多新的亟待解决的问题。譬如，教育部要求自 2015 年起师范毕业生不再直接认定教师资格，要打破"铁饭碗"，统一纳入考试范围。这对高师院校教育教学改革形成了倒逼机制，如何应对这一变化，使学生在激烈的竞争中谋得一席之地？现在各地的高考改革正如火如荼地进行，数学专业的师范生应该如何紧跟形势，与时俱进，提高自身的综合素质，以满足教师职业的需要。面对高等教育的大众化和师范教育的开放化，我们必须结合地方高师院校定位、数学专业特点和基础教育发展的需求，进一步在人才培养模式改革上狠下工夫，办出特色，体现优势，培养出社会所需的高质量人才。

6.7 校地协同构建师范生职业能力与职业品格"嵌入式"培育体系的研究[①]

——以湖州师范学院数学与应用数学专业为例

2012年以来，数学与应用数学专业以国家"教学工程"本科综合改革试点专业和"十二五"浙江省高校优势专业等一批建设项目为平台，以满足社会需求为导向，以提升师范生职业能力与职业品格为主线，深入开展课程体系改革，努力推进校地共育，力求形成"协同创新"的有机整体，以培养卓越的中学数学教师。

根据地方高师院校的特点与数学专业的师范特质，笔者从大学与中学数学的衔接、校地共育机制、师范性课程设置、教师教育实践教学、师范技能训练体系、数学教育课程资源共享等方面给出了构建数学师范生职业能力与职业品格"嵌入式"培育体系的思路与举措，并践行于数学专业的人才培养之中，希望能为社会输送更多更好的应用型人才。

6.7.1 围绕数学课堂教学，渗透中学数学教学内容与核心素养

课程教学是实现人才培养目标的主要途径。大学数学教学不仅要求教师在更高的观点下讲授教学内容，帮助学生搭建清晰的知识框架体系，最为关键的是要传授数学的思想、方法与精神。只有这样，我们培养的中学教师才能站得高、看得远，才能够做到提纲挈领，从容地开展中学数学教学。

教师要从数学知识的连贯性特点出发，注重知识内容的衔接，循序渐进，滚动式推进新旧知识的教学，要以更高级的数学知识来替代较为低级的数学知识，让学生在认识上有一个质的飞跃。所以，在大学数学课程的教学中，要突出师范教育特质，强调与中学数学知识的衔接，每门课程要有意识地选取部分内容、习题来讲授，使学生对中学数学有更为本质的理解，而不仅仅局限于中学时期对数学较为孤立、片面的认识；要将中学数学课程的"数学抽象、逻辑推理、数学建模、数学运算、直观想象、数据分析"等核心素养渗透到大学数学的课堂教学之中，不断加深对数学本质的理解。譬如，在"数学分析"教学中，要注重结合中学数学有关实数、函数、不等式、方程、数列等内容进行教学，强调函数、方程、不等式模型的构造；在"高等代数"教学中，要注重结合中学数学有关多项式、复数与实数、不等式、

[①] 本节内容由湖州师范学院唐笑敏撰写。

方程、数列等内容进行教学；在"空间解析几何"教学中，要注重结合中学数学有关解析几何内容如向量、圆锥曲线等进行教学；在"数学建模"教学中，尤其要注重高中数学建模的开展情况，结合具体的高中数学建模案例开展教学；在"概率论与数理统计"教学中，要注重结合高中古典概率、几何概率的案例教学等。这样，将基础教育的内容有机融入高等教育的教学之中，引导学生开展教学与教研，让学生在"高观点"下看待问题，掌握科学知识，提高思维能力，从而实现了综合素质的提升。

6.7.2 建立"接二连三"机制，不断夯实校地共育的基础

师范生职业能力与职业品格的养成必须依托当地优质的基础教育资源，融入基础教育的改革大潮之中，让学生去感悟、去体会、去提升。否则，培养的"卓越教师"就宛如无源之水、无本之木，失去了竞争力。因此，要建立大学与中小学互通有无的长效合作机制。一方面，高校要努力为当地的基础教育事业服务，在教师培训、教学研究、项目申报等方面给予全力支持与指导；另一方面，要采取"请进来、走出去"的方式，将当地基础教育的资源引入课堂的理论教学与课外的实践教学中，助推学生成长成才，实现师范生职业能力与职业素养的提升。

结合数学教育课程教学、教育见习、教育研习和教育实习等环节的要求，建立"接二连三"机制，为实施校地共育提供了充分的制度保障。为此，开展五个方面的工作：一是成立"校地共育"实践教学领导小组，由理学院副院长、数学专业负责人、中学教学方法教师、湖州市及三县两区数学教研员、湖州市数学特级教师等组成，定期讨论、指导数学专业人才培养方案中师范教育的课程设置、实践教学内容的安排等；二是以数学系校友成立的数学"启元"基金为平台，举办"我的成长成才之路"专题报告会，邀请优秀校友为本科生做报告，培养学生的师范技能，提升学生的职业素养；三是聘请中学一线的教学名师、名校长为"启元"客座教授和校外兼职教授，由他们亲自讲授中学数学教材教法的课程，让学生直面基础教育；四是实施"双导师"制，为每个学生配备校内专业指导教师和校外实践指导教师，力求使学科专业理论培养与教师专业技能培养相叠加、校内培养与校外实践相嵌入，实现师范生专业学术水平和教师教育专业水平的同步提升；五是充分利用学校在杭嘉湖地区基础教育领域的影响力，以湖州市数学学会为平台，建立中小学数学名师、名校长资源库，开展各种形式的交流与互动，不断提升双方合作共赢的水平。

6.7.3 聘请中学名师进课堂，打造中学数学教育理论教学"嵌入式"课程

目前，中学数学新课程改革正在如火如荼地进行。但是，许多地方高师院校并

没有及时应对这一新变化，课程设置远远跟不上时代的需要，培养的中小学教师无法满足和适应我国基础教育改革与发展的需求。另外，大学教师没有深入中小学教学一线，缺乏中小学教育经验，没有及时了解、掌握基础教育的最新动态。这导致师范生的课程设置与中小学实际严重脱节，严重阻碍了师范生的专业化发展。

面对基础教育的新要求，一方面要调整课程结构，增加教师教育类课程课时的比重，尤其是要不断提高课程的教学质量；不断融入基础教育的新成果和新元素，结合基础教育的优秀案例来开展教学，凸显师范特质，使师范生具备较高的教育理论修养和实践能力。另一方面，要积极推进大学与中小学的互动，要求大学教师定期深入中学，及时了解中学数学教育发展状况，并反馈到对师范生的培养之中；要邀请中学名师进课堂，与大学教师一起承担教师教育类课程的教学任务，打破理论知识和实践工作的界线，共同打造中学数学教育理论教学"嵌入式"课程。一是在"教师入职指南""教育学基础""心理学基础""课程与教学导论""班主任工作"等教师教育类必修课程中，主讲教师除了理论讲授之外，还要紧密结合中学数学教育的特点，采取案例分析、模拟课堂、教学参观等多种教学手段，让课堂变得"鲜活"起来，使教学更具有针对性与应用性。二是以大学教师与中学名师联合讲授或中学名师单独主讲的方式，开展"数学教学论""中学数学教材分析""几何画板""中学数学说课与解题训练""中学数学课程标准及教材研究""中学数学教育科研方法"等课程的教学，以充分实现大学数学教育与中学数学教育的深度融合，并在中学名师的言传身教下，让学生感受到成为一名让人民满意的教师必须具备哪些职业能力与职业素养。

6.7.4 依托中学实践教学基地，强化中学数学教育实践教学"嵌入式"环节

实践教学是专业人才培养的重要组成部分，对培养学生的实践能力与创新意识具有不可替代的作用。地方高师院校往往过于强调理论课在教学中的重要作用，过于重视学生的考试成绩，导致学生"眼高手低"、动手操作能力较差、实践能力不强等。但是，师范生特有的职业属性必然要求学生要深入中学一线，与中学教师、中学生交流互动，到中学去感受，从实践中提高自身对中学教育的认识与理解。

为了更好地满足学生提升职业能力与将来求职的需求，必须建设和巩固各类各级实践教学基地，拓宽师范生实践能力的培养空间；要新建或共建师范技能训练室、微格室、专业图书资料室等一批专业教学设施，使校地共育不断向纵深化方向发展。一是要积极探索拜师学教、教育见习、教育研习和教育实习四年一贯制的实践教学设计，不断完善师范生的教育实践机制。特别是要适当延长教育实习的时间，可以分两个阶段来进行，先在第七学期由学校统一安排两个月的教育实习，然后以顶岗

实习或自行实习的方式深入推进，让学生在实践中不断成长。二是要有计划、有步骤地开展教育调查、观摩中学教研活动、观摩中学优质课、专业技能训练及考核、中学名师讲座、优秀校友论坛、数学教师就业指导讲座等活动，不断创新中学教育实践教学"嵌入式"环节，力求实现师范生职业能力与职业品格培养的全覆盖。三是要制定中学数学教育教师职业技能训练计划，把师范技能训练贯穿于日常教学，四年不断线，使之经常化、制度化、规范化，强化学生的核心竞争力。具体内容包括"五能三字一话"训练（课堂教学能力、实践活动指导能力、班主任工作能力、教学研究能力和现代教育技术运用能力；毛笔字、钢笔字、粉笔字；普通话）、"一训二赛"活动（中学数学千道题训练；中学数学竞赛、师范技能竞赛）、课程教学设计、说课与微型课训练、微格教学训练等，从而构建"技能训练全程化"的体系。四是以浙江省中小学教师专业发展培训项目为载体，借助名师、名课的专题讲座，使学生及时了解基础教育现状，为学生的专业化发展奠定扎实的基础。2012年以来，借助数学教师承办的30余项省中小学数学教师专业发展培训项目，要求大二和大三学生全程参与听课和实训，并将其作为学生专业见习、研习的组成部分纳入考核范围，从而有效地提升学生的师范技能和职业品格。

6.7.5 推进地方高师院校联动，实现数学教育课程优质资源的共享

随着互联网的普及和信息技术的飞速发展，高等教育模式正在发生着史无前例的变革。从2003年起，教育部组织开展国家级精品课程建设工作，随后又分类型、分阶段开展大学视频公开课、中国大学资源共享课的建设工作，目前中国大学大规模开放在线课程的建设已经启动。这种新型的顺应时代发展的教育模式极大地冲击着现有的高等教育教学方式，甚至有可能会产生颠覆性的影响。

大学本科教学应该引导学生"学会如何学习"，由课内到课外，从校内到校外，不断拓展学生学习的时空。在数学课程的学时不断被压缩、课时和教学内容产生极大矛盾的情况下，建设、共享优质的课程资源就显得尤为重要和迫切，将为学生的自主学习打开一扇大门。地方高师院校面临着共同的问题，也有很多相似的瓶颈亟待解决。因此，地方高师院校可以在高等教育改革中开展密切的合作，互通有无，优势互补，通过优质教学资源的共建与共享，让学生有更多的"名师"指导，有更多思想的"火花"碰撞。2012年以来，湖州师范学院与杭州师范大学、绍兴文理学院等建立了多校联动机制，紧紧围绕优质资源的共享与辐射，以学生的"专业化发展"和"可持续发展"为主线，协同推进数学师范生职业品格与职业能力的共同提升。一是以精品课程为抓手，从分析、代数、几何三条线出发，协同推进，形成以国家、省、校三级精品课程为核心的"数学精品课程群"。先后建成国家级精品课程

1 门、国家级精品资源共享课程 1 门、省级精品课程 4 门、校级精品课程 4 门、校级精品资源共享课程 3 门，实现了优质教学资源的共享。二是积极参与杭州师范大学的"CTM 协作行动"。在数学教育课程建设中，充分利用杭州师范大学数学教育的优势，采用他们的国家级规划教材《数学课程与教学论》和省重点建设教材《初等数学研究》《初等数论》等，共享国家级精品资源共享课程"中学数学教学设计"的优质教学资源，参与"慕课+翻转课堂"教学模式的研究，使学生在"千里之外"就能学习到最新的中学数学教育成果，实现教学效果的最优化。三是与杭州师范大学等建立"PET"发展共同体，探索高校与中小学共育优质师资的新型合作模式。例如，多方参与，开展优秀案例库建设，以案例为重点开展教学，使学生尽快具备中学数学教学能力；结合中学优秀教师教学行为的研究，构建新的师范生技能训练评价体系，优化师范生教学技能训练模式。这样，通过"PET"发展共同体，校地共育，协同创新，力求实现理论教学与实践教学的双向嵌入，打造数学师范生职业能力与职业品格"嵌入式"培育体系，实现教学建设的多方共赢。

6.7.6 结束语

2012 年以来，我们以校地共育为立足点，构建了数学师范生职业品格与职业能力"嵌入式"培育体系，极大地实现了数学与应用数学专业理论教学与实践教学的双向嵌入，使学生在"受者"和"授者"之间不断转换角色，既保持和弘扬了数学师范特质，又使学生的应用能力和创新意识不断提高，增强了学生的核心竞争力。

这一数学师范生的培育体系取得了明显的成效。例如，数学与应用数学专业的人才培养成果获 2014 年浙江省教学成果一等奖，并在 2016 年入选"十三五"浙江省优势专业；专业生源充足，质量良好，2012 年以来新生一志愿平均录取率为 99%，平均就业率超过 98%，远远高于全省平均水平；根据中国科学评价研究中心（RCCSE）、武汉大学中国教育质量评价中心、中国科教评价网的《2016 年中国大学及学科专业评价报告》，本专业排名全国第 62 位，在全国地方学院级高校中排名第一。

第7章 实践效果

7.1 课程改革背景下地方高师院校数学教育课程群建设及教学改革的实践效果

课程改革背景下，地方高师院校经过多年数学教育课程群建设及教学改革，取得了如下实践成果，既保持和弘扬了数学师范特质，使师范生的专业化发展水平得到了提升；也使师范生的应用能力和创新意识不断提高，为师范生的可持续发展注入了活力。

7.1.1 杭州师范大学实践成效

1. 专业师资队伍不断优化，教学科研水平明显提高

本专业现有的 37 名教师中，具有博士学位的教师占 86.5%，教授 14 名，博士生导师 6 名。多人入选中国科学院"百人计划"、省"千人计划"、教育部"优秀青年教师资助计划"，教育部、省、市级人才工程。教育部"骨干教师"、国务院享受特殊津贴者、省高校钱江学者特聘教授各 1 人，省高校（中青年）学科带头人 4 人。

2012 年以来，本专业先后主持多项省自然科学基金重点项目、"十二五"国家发展基金、国家自然基金项目、国家社科基金、教育部人文规划课题，出版学术专著 11 部，发表论文 300 余篇，其中 SCI 收录近 200 篇。

2. 专业内涵建设成效显著，教学改革成果丰硕

本专业获教师教育国家级精品资源共享课程建设项目 1 项，浙江省精品课程建设项目 2 项，浙江省高等教育课堂教学改革项目立项 6 项，"十二五"国家级规划教材、教师教育国家级精品资源共享课立项课程配套教材各 1 部，浙江省高等教育重点教材 2 部。

借助省课堂教学改革项目，尝试课堂教学模式改革，开展了"先学后教"的教学模式，课堂教学内容吸收富含时代气息的前沿材料，重视学生教学技能、科研能力提升，取得了丰硕成果。指导本科生、研究生开展中外数学教材比较研究，公开发表论文 20 余篇，多篇论文被人大复印资料全文转载。例如，2010 级学生施莹莹、

李邱斌在《中学数学教学参考》上发表论文《中美高中"柱、椎、台体面积与体积"教学内容比较研究》；徐秀丽在《中学数学教学参考》上发表《中美高中"空间几何体的三视图和直观图"教学内容比较研究》等。

3. 教学成果突出

教学改革成果获国家基础教育教学成果二等奖 1 项、浙江省基础教育教学成果一、二等奖各 1 项，浙江省高等教育教学成果一等奖 1 项，全国教育硕士专业学位教学成果奖二等奖 1 项。

4. 学生受益面宽，人才培养质量好

通过一系列的课程建设和教学改革，学生们纷纷表示，这类课程对他们帮助很大，如 2013 年 7 月 2 日《中国教育报》上的《一场寻求卓越的师范教育变革——杭州师范大学经亨颐学院办学纪实》中写道：学生李雪纯痴迷于叶立军教授的《学科教学论》，他能够在课堂中穿插学生今后实习时会遇到的问题，并传授相应的教学"小贴士"。后来，李雪纯索性把这门课称为"叶立军老师课"。据统计，3000 多名本专业学生从中直接受益。

本专业学生近三年一志愿率超 200%、就业率达 98%。学生获全国性大学生数学建模竞赛、省高等数学微积分竞赛（数学组）一、二等奖三百余项；全国高校大学生数学竞赛、省大学生创新竞赛、省大学生统计方案设计竞赛各类奖项四十余项。学生参加浙江省、全国师范生教学技能竞赛数学组获奖情况无论从数量上还是级别上都有质的提高，多位学生获东芝杯、全国和省师范生教学技能竞赛一、二等奖。

5. 服务地方发挥应有作用，培养人才得到用人单位肯定

近五年来的历届毕业生在服务地方教育事业发展中发挥了应有作用。本专业人才培养质量稳步提高，毕业生受到用人单位的普遍欢迎，成为全省教师队伍建设与发展的重要人才资源。例如，2013 年毕业的杭州师范大学毕业生张海燕就业于杭州景华中学，2015 年 11 月在杭州市说题比赛中获得杭州市一等奖；杭州东城中学、杭州文海实验学校连续五年招聘了杭州师范大学、湖州师范学院的数学专业毕业生，杭州东城中学校长陈沪军认为："这两个学校的数学专业毕业生数学基础知识扎实，教学技能高，很受欢迎。"

6. 同行交流学习踊跃，借鉴作用大

专业建设中形成的精品资源共享课程建设项目、多媒体课件、教学大纲等教学资源，通过精品课程网站供同行使用。出版的 20 多种教材在全国数学与应用数学专业教学中使用，10 余部教材在兄弟院校中被作为教材使用，每年受益学生上万人。

相关网站点击率超过 50 余万人次。其中,《数学课程与教学论》于 2014 年被评为"十二五"国家规划教材,《数学与科学进步》《初等数学研究》等两部教材先后入选浙江省高等教育重点建设教材。

《初等数学研究》自 2008 年 5 月出版以来,深受广大高校数学与应用数学专业的师生欢迎,截至 2016 年 2 月已经重新印刷 7 次,销售 24 000 余册,并得到师生的一致好评。2015 年 6 月在高等教育出版社出版教师教育国家级精品资源共享课程配套教材《中学数学教学设计》,先后被湖州师范学院、赣南师范学院等高校作为本科生教材,深受广大师生的好评。

7. 同行与社会评价高度认可

该专业生源充足,杭州师范大学、湖州师范学院数学与应用数学(师范类)专业均为一本招生,每年学生第一志愿报考率达 100%。杭州师范大学招生数与填报志愿人数比每年都超过 1∶1.5,得到了社会各界的广泛认可。

对近年来在杭州市、湖州市各中学任教的毕业生质量跟踪调查显示,各中学认为本专业培养的师范生基础扎实、知识面广、综合素质高,最大特点是能迅速适应环境并能承担除教学外的其他育人和管理工作,具有很强的可塑性和发展潜力。

地方高校数学师范生数学教育课程群建设及教学改革实践的探索得到了省市教研员,以及高师院校学科教学论教师高度评价,认为该教学改革"成功地探索出了一条地方高校数学人才培养的有效途径,在同类院校中值得借鉴、值得推广""该成果成效突出,推广应用价值显著,对提高数学教学质量起到了很好的示范、引领作用"。北京师范大学博士生导师认为:"杭州师范大学、湖州师范学院积极开展数学教育课程群建设,主动适应了新课程改革基础教育对高师数学教育改革的需要,并积极与中学合作开展协同育人,取得了很好的培养效果。"

专业依托业自身优势,2012 年以来共开设中学教师培训班 81 期,数学教育研究团队先后到省内外为国培、省培讲座 200 多人次,深受广大教师的好评。

7.1.2 湖州师范学院实践成效[①]

1. 办学层次得到明显提升

数学与应用数学专业 2003 年被确定为浙江省高校首批重点建设专业;2008 年,获批省内数学类唯一的国家级特色专业;2012 年,被列入浙江省第一批本科招生计划,成为学校第一个一本招生专业,并入选国家"教学工程"本科综合改革试点专业和"十二五"浙江省高校优势专业;2016 年,被遴选为"十三五"浙江省优势专

---

① 该内容由湖州师范学院唐笑敏撰写。

业。2012 年，支撑专业发展的基础数学学科入选"十二五"省高校重点学科；2016 年，数学学科入选"十三五"省一流学科（B 类）。

在狠抓数学与应用数学专业建设的基础上，数学学科积极开展联合培养博士、硕士研究生工作，争取能成为学校申硕建设工作的首批入选学科，实现学校办学层次的提升。目前，学科拥有兼职博士生导师 3 人、硕士生导师 7 人，与苏州大学、浙江师范大学、杭州电子科技大学、杭州师范大学等高校开展联合培养博士、硕士研究生工作，为学校硕士点的申报做好了充分的准备工作。

2. 人才培养质量取得显著成效

本专业保持和弘扬了数学师范特质，使师范生的专业化发展水平得到了提升；应用能力和创新意识不断提高，为师范生的可持续发展注入了活力。

专业生源充足，质量良好。2016 年最低录取分高出省一本分数线 9 分，最高分为 618 分。2012 年以来，本专业新生一志愿平均录取率为 99%，平均报到率为 99.37%（仅 2 人未报到）；学生毕业率为 100%、学位授予率为 99.17%（仅 2 人未获得学位）；申请转出专业学生仅有 1 人，占本专业四年学生数的 0.3%；平均就业率达 98%以上，远远高于全省平均水平。

构建了以"大学与中学的协同共育、'3+X'课程体系的协同建设、数学教师与未来教师的协同发展、数学能力与师范技能的协同培养"为核心内容的地方高校数学师范生"四协同"人才培养新模式。这一成果具有鲜明的地方高师院校特色，2014 年获浙江省教学成果一等奖。

学生先后在国际国内期刊发表学术论文；获全国首届大学生数学竞赛国家三等奖 1 项，全国大学生数学建模竞赛国家一等奖 2 项、二等奖 10 余项，美国大学生数学建模竞赛一等奖 1 项、二等奖 6 项，省大学生统计调查方案设计大赛一等奖 1 项；考取中国科学技术大学、同济大学、华东师范大学等高校的硕士研究生；在省"领雁工程"要求学校指派学生顶岗实习的工作中，数学师范生的人数最多，效果最好，得到了中学的普遍好评。

涌现出以石小丽（2003 届毕业生、第五届全国高中青年数学教师优秀课观摩与评比活动优秀课一等奖、嘉兴市名师）、江卫华（2000 届毕业生、2009 届本科函授生、省教坛新秀、第四届全国初中青年数学教师优秀课观摩与评比活动优秀课一等奖、全国尝试教育"十佳教师"）为代表的一批中学数学优秀教师；培养出以赵铁洪（2006 届毕业生、法国巴黎第六大学博士、受聘杭州师范大学教授岗位）、施会强（2008 届毕业生、美国埃默里大学博士）为代表的一批数学专业优秀人才。

3. 师资队伍建设获得重大进展

2016年，刘太顺教授被确定为国家"万人计划"特聘专家，著名数学家、国家"千人计划"特聘专家、教育部"长江学者"、Rutgers大学终身杰出教授黄孝军加盟数学系指导专业与学科建设。目前，数学与应用数学专业有教师44名，其中有省内浙江大学、浙江工业大学之外唯一的国家级教学名师1名、曾宪梓高师院校优秀教师一等奖获得者1名、省教学名师1名、省优秀教师2名、省高校优秀教师3名、省"育人奖"获得者1名、省"三育人"先进个人1名和省师德标兵1名；教授占32%，副教授占27%，博士占66%，具有三个月以上出国访学经历者占52%，为实现数学与应用数学专业的可持续发展提供了强有力的智力支撑与人才保障。

4. 教研教改工作取得显著成效

近五年，主持国家级教改项目4项、省部级教改项目8项、省高校教学团队1个；主持获得省教学成果一等奖1项、二等奖1项；依托各类教研教改项目，不断开展人才培养、教学内容、教学方法的研究与改革，推广项目建设经验，产生了良好的示范和辐射作用。

在《高校领导参考》《中国大学教学》《高等数学研究》等杂志上发表教研论文50余篇；出版教材、专著10部，其中《大学数学》《微分几何》《数学史简明教程》、《数学文化》是省重点建设教材，已被省内外80余所高校采用。

形成了以国家、省、校三级精品课程为核心的"数学精品课程群"，网站总点击量达200多万人次；"复变函数"在2009年省级精品课程检查交流会上，以全省第一名的成绩专门介绍建设经验；清华大学和上海交通大学在该课程的教学中，要求学生参考刘太顺主编的教材和授课录像。

承办了全国数学—物理—力学课程体系改革联合研讨会、浙江省高师院校数学教学研讨会、中国高等教育学会教育数学专业委员会学术年会、华东六省大学数学教学研究会、浙江省高校（本科）数学类教学指导委员会2016年工作会议等，并在会议上报告专业建设、人才培养、课程建设等方面的成果，得到了专家的广泛认可。

在中国大学教学论坛、中国大学数学课程报告论坛、全国理科高等数学研究会、全国高校数学文化课程建设研讨会、全国高校数学专业分析类课程教学研讨会、全国高校代数类课程建设与教改专题论坛等会议上作报告，获得了专家的好评。

中国科学技术大学、华东师范大学、浙江师范大学、苏州科技学院、常熟理工学院、九江学院、韶关学院、绍兴文理学院等省内外40多所高校前来访问，交流人才培养模式改革的经验。

5. 高水平的科研成果得以不断涌现

教师在国家级科研项目、高水平研究成果等方面取得了优异业绩。2012年以来，先后以第一作者、第一单位在国际国内核心发表论文170余篇，其中SCI收录论文100余篇（含SCI二区及以上收录论文40余篇）；主持国家自然科学基金项目17项、省自然科学基金杰出青年项目1项、省自然科学基金重点项目1项、省自然科学基金一般项目和青年项目10项；获省部级科研奖励1项、厅局级科研奖励8项。学科反哺教学效果尤为突出，实现了学科与专业的深度融合。

6. 课程建设呈现新的亮点

以精品课程建设为抓手，从分析、代数、几何三条主线出发，协同推进，形成以国家、省、校三级精品课程为核心的"数学精品课程群"。2013年"复变函数"被确定为国家级精品资源共享课程，2012年"高等代数"被评为校级精品资源共享课程，2014年"概率论与数理统计"被遴选为校级精品课程，2014年"常微分方程"入选校级精品资源共享课程。目前，已建有国家级精品课程1门、国家级精品资源共享课程1门、省级精品课程4门、省级精品资源共享课程1门、校级精品课程4门和校级精品资源共享课程2门，实现了优质教学资源的共享与辐射。

7. 教风学风建设取得明显实效

教师能够全身心投入教学工作中，关心爱护学生，形成为人师表的良好风尚，认真做到"传道、授业、解惑"。2012年以来，本专业所有教师的年度教学业绩考核都在86分以上，各年级学生评教优良率均超过85%，得到了学生的广泛认可与好评。在2007年省教育厅组织的省"百堂课"抽查中，刘太顺教授的得分为96分，排名全省第一。据核实，在历年的省"百堂课"抽查中，该得分至今仍然名列全省总排名第一。

本专业努力营造良好的环境，孕育严谨的教风与浓厚的学风，以"数学学科系列学术报告""数学名家、名师系列讲座""我的成长成才之路""青春理学沙龙"为载体，定期邀请国内外数学名家、名师进课堂为师生作学术报告或开展课堂教学，并开展师德、育人、教学方法、师范技能、教学理念等方面的专题报告。以严谨的教风带学风，以浓厚的学风促教风，要求教师真正做到"敬业爱岗，无私奉献"，要求学生真正做到"格物致知，立业修身"。

8. 专业建设得到社会的充分认可

近十年来，全体数学教师同心同德，积极投身于数学师范生的培养，形成了具有鲜明特色的地方高校数学师范生培养新模式，赢得了社会各界的好评。

根据中国科学评价研究中心（RCCSE）、武汉大学中国教育质量评价中心、中国科教评价网的《2016 年中国大学及学科专业评价报告》，本专业排名全国第 62 位，在全国地方学院级高校中排名第一，省内居浙江大学和浙江师范大学之后。

根据中国校友会网《2016 中国大学本科专业评价报告》，本专业进入全国 89 强，为四星级高水平专业，位列全国地方学院级高校 10 强，与浙江大学和浙江师范大学一起列省内前三名。专业最高为七星级，省内五星级仅有浙江大学，四星级仅有浙江师范大学和湖州师范学院；全国七星级 4 个、六星级 3 个、五星级 10 个、四星级 72 个。

在 2007 年省高校教学专项抽查与验收时，专家组指出："湖州师院教学专项建设成效明显，三个重点专业强项、亮点明显；数学与应用数学师资队伍注重科学研究，注重教学，省特聘教授刘太顺的课堂教学非常成功。"

本专业的人才培养成果 2014 年获浙江省教学成果一等奖，得到了教育部高等学校数学与统计学教学指导委员会 10 余位专家的高度评价，认为这一人才培养模式"成功地探索出了一条地方高校数学人才培养的有效途径，在同类院校中值得借鉴、值得推广"。

全国"五一"劳动奖状集体荣誉带头人、首届国家教学名师、教育部数学与统计学教指委原副主任、国家教学成果一等奖获得者、南开大学顾沛教授认为，对湖州师范学院这种类型的地方本科院校而言，在人才培养、专业建设、学科建设等方面能结合得如此之好，已经做到顶级水平了，值得大家学习和推广。

《高等数学研究》主编、西北工业大学张肇炽教授认为，湖州师院数学专业的教学研究、教学改革能充分结合地方高校的实际，较好地做到了教学、科研、育人三者的相辅相成，形成了良性循环，为培养具有"现代教师教育"理念的中学数学优质教师奠定了扎实的基础。

本专业是《浙江教育报——2016 年高考指南》向考生推介的 12 个专业之一，在人才培养、师资队伍、专业建设、学科建设等方面的工作先后被《中国教育报》《浙江日报》《浙江教育报》《钱江晚报》《湖州日报》及网易、腾讯网站等报道。

7.1.3 温州大学实践成效

1）合作平台的构建引起了兄弟院校的效仿

以学术为基点，采取"数学会"之类的社会团体来促进高校与地方中小学的合作，进而达到资源互动共享的成功做法引起了兄弟院校的关注。例如，绍兴文理学校就有老师向项目组咨询"数学会"的构建方式，他们也按照我们的模式来进行。笔者认为这很值得推广。

2）共享磨合的资源激活了高校科研的灵感

由于与中小学教师的大量接触，高校教师摸准了科研开发的基准点。所进行的科研针对性很强，项目组开发的系列读物也因此得到广大中小学教师的欢迎。这种行为也引起了国内很多同行的关注，笔者认为确实很值得推广。

3）延伸服务的举措实现了服务地方的功能

师范生就业后的后续服务是高校师范专业办学的延伸，也是联系高校师范专业与一线教学的"脐带"，这个"脐带"何时"剪"很值得研究。温州市数学会这一实践平台，为师范生毕业之后提供服务，包括联系"师徒结对"、教学设计指导、人生规划、疑难解决等，这样的延伸服务在国内传统师范专业的办学是很值得推广的教学行为，目前项目组的教学服务延伸也得到很多高校师范专业的关注。

4）实时互动的方法提高了理论课堂的实效

高校理论教学主要缺乏实践支撑，通过理论课堂的实时互动（浙江省高校教改课题）教学实践，探索出高校理论课堂提高教学效果的新途径。

7.2 地方高师院校引领下中小学数学教师课堂教学行为理论与实践研究效果

地方高师院校引领下中小学数学教师课堂教学行为理论研究经过十几年的实践，取得了丰硕的成果，具体如下。

7.2.1 学生受益，教师成长，社会反响好，深受实验学校高度好评

2003 年以来，研究团队紧紧围绕数学教师课堂教学行为研究这一主题，在杭州、嘉兴、台州等地先后建立十多个中小学实践学校，取得了明显的效果。通过合作研究，教师得到了专业成长，数学课堂教学质量提升明显。如 2014 年 9 月，在平湖市乍浦高级中学开展了以"基于数学教师课堂教学行为研究背景下的高中数学教师专业发展"为主题的项目研究。一年多来，乍浦高级中学数学教学质量得到了明显的提升，深受该校的师生一致好评，也得到开发区领导的高度评价。该校的数学教研组长李良根老师说："我们数学组是嘉兴市进步最快的。"嘉兴港区开发区石云良主任说："一年多来，乍浦高级中学数学组与杭州师范大学共同研究，促进了教师专业发展，提升了教学质量，合作取得很好的效果。"

7.2.2 研究成果得到同行的肯定，为教师课堂教学行为研究引领了方向

南京师范大学博士生导师喻平教授为《数学教师课堂教学行为研究》作序，并给予高度评价："如前所述，课堂教学的研究国外领先，国内滞后。值得欣慰的是，新一代学者正在朝这个方向努力，近几年关于课堂教学的研究成果日趋丰硕。叶立军博士所做的工作是优秀的，他应当是国内在课堂教学研究领域做得最好的学者之一。"

温州大学教授黄友初在《数学教育学报》2016年第一期发表的《教师课堂教学行为研究的四个要素》一文中，对《数学教师课堂教学行为研究》给予高度评价："尽管在中国的教学行为研究中，高质量的实证研究还比较少，但近几年来已有一些学者在这方面进行了探索。尤其是叶立军教授所撰写的《数学教师课堂教学行为研究》一书，从优秀教师和新手教师比较入手，对课堂教学四种主要教学行为进行了研究，对了解优秀教师教学行为有着较高的参考价值，而该论著的研究成果对新手教师的专业成长，使其尽快生成合理的课堂教学行为方面更具有指导意义。应该看到，随着课堂教学研究的深入，教学行为四要素对课堂教学的影响也会越来越清晰，如何以这四种要素为基础，提升教师的教学行为也会越来越成熟。"

7.2.3 研究成果在教师培训中广泛应用，社会效益显现

数学教师课堂教学行为理论与实践研究成果不仅在实验学校中取得了显著效果，研究成果还在国培、省培等教师培训中推广应用，取得了良好的社会效益。

（1）2010年4月28日，丽水处州晚报刊登《走进"课堂"做研究，走出"课堂"讲故事》，利用课堂教学行为研究成果在丽水教师培训中进行应用，深受广大师生的好评。

（2）2010年5月19日，椒江教育信息网报道杭州师范大学专家团队来三甲小学指导教科研工作，利用课堂教学行为研究成果对教师课堂教学进行指导。

（3）2011年11月24日，浙江省教研室网报道叶立军在浙江省初中数学新课程新教材"疑难问题解决"专题研训会议做了"课堂教学目标达成的观察与评价"的报告，其中介绍如何进行定性与定量观察课堂教学行为，深受教师们的欢迎。

（4）参与国培计划教师培养指导工作，如2013年12月受聘为天津师范大学河北初中数学骨干教师培训班《数学教学设计》指导工作，并参与骨干教师班到天津翔宇实验学校参加听评课工作，深受一线教师和教研员的欢迎。

（5）应邀为国培、省教师培训等举行讲座200多场次，深受广大教师的好评。

第8章 展　　望

虽然地方高师院校数学卓越教师培养模式的实践研究已经取得了一定的成效，但要取得长久的发展仍需继续优化教学资源、课程体系、教学模式，协同省内乃至全国范围内的地方高师院校教学资源、模式、方法，协同高师院校通过建立基础教育基地共同育人。

8.1　优化课程资源，深化教学改革

1. 优化"一制三化"培养模式及"4+X"专业课程体系建设

地方高师院校协作，群策群力，优化以"一制三化"（双导师制、教学分层化、素养双强化、实践全程化）为内核的培养模式，以实现培养卓越中学数学教师，达到国家师范类专业认证的目标。

围绕培养卓越中学数学教师的目标，按照培养模式，继续深化教师教育课程结构"4+X"课程体系，即专业基础课程群、教育基础课程群、专业教师教育课程群、实践创新课程群，"X"为学生个性化发展课程，为卓越中学数学教师培养提供保障。

2. 开发网络资源，不断完善国家级、省级、校级精品课程群在线资源建设

协同全国多所高师院校、中学优秀数学教师，积极开展教材建设工作，精选对培养优秀教师有重要价值的课程内容、学科前沿知识、教育改革和教育研究最新成果，把它们充实到课程资源建设中，使数学教育课程群建设能紧贴基础教育。

继续建设以国家、省、校三级精品课程为核心的"数学教育精品课程群"，优化本专业已有的在线课程建设，并带动上述课程群中核心课程开展网络资源建设。通过网络平台丰富的教学资源，给学生自主学习、自主探究提供机会，以培养学生自主学习、终身学习的能力。

8.2　地方高师院校实现教学资源、模式及方法共享

精选各课程群中的核心课程，将其打造成"网络、开放、共享"的课程。开展核心课程在线资源建设，实现网络资源共享，构建网络作业、网络答疑、网络评价

的教学环境。选择各课程群的核心课程，于在线资源建设（"慕课"）背景下改革教学模式，即基于网络课程及相关资源建设，在课前布置相关作业和思考题，让学生自学，完成基本作业。在课堂教学中，利用问题、案例等素材，采用师生集体研讨、讨论、学生自我展示等教学方法进行教学，提高师范生的教学质量。同时，教师和学生及时归纳总结，并让学生通过撰写反思等方式提高学生的质疑能力、批判精神。

8.3 协同地方高师院校及其建立的基础教育基地，实现共同育人

协同地方高师院校共建教学资源，通过建立信息化平台，开展网络教学平台建设，以更好地实现地方高师院校之间教学资源共享。秉承服务基础教育的宗旨，坚持与基础教育互动，推进实习、实践平台建设，以建立校地共育长效机制为着力点，加强基础教育实验基地建设，部分实践性强的课程如"中学数学教学设计""数学教学论""中学数学教学技能训练"将在基础教育实践基地上课，并由中学优秀数学教师进行授课。

通过大学与大学、大学与中学合作伙伴关系平台建设，努力搭建教师专业技能远程、实时、互动实训平台，为师范生技能训练提供实践场所。